Dieses Buch gehört:

____

____

____

Hölkers Koch- und Küchenkunst

Zwiebeln – zum Heulen gut

Geschichte, Naturapotheke, Rezepte

von Wolfgang Morisse

ISBN: 3-88117-405-2

Graphische Gestaltung: Rainer Eichler
Printed in Germany by Druckhaus Cramer, Greven.
Buchbinderische Verarbeitung: Klemme, Bielefeld
Musterschutz angemeldet beim Amtsgericht Münster

Inhalt

Zum Geleit

Aus dem berühmten Universal-Lexikon der Kochkunst; Leipzig, 1884.

ZWIEBEL, franz. oignon, engl. onion, lat. Allium cepa. Ein allgemein beliebtes und vielfach benützbares Küchengewächs, welches man theils als Zuthat zu Saucen, Suppen und Brühen, Marinaden, Gemüsen, Farcen, Salaten u.s.w., theils auch als selbständiges Gemüse verwendet und in großer Menge anbaut. Ihr eigentliches Vaterland soll Afrika sein, doch hat sie sich schon seit den ältesten Zeiten auch in Europa überall eingebürgert und man kennt eine Menge Spielarten von theils runder, etwas abgeplatteter, theils länglicher Form und bald blaßrother, bald dunkelrother, hell- und dunkelgelber oder ganz weißer Farbe. Alle Zwiebeln sind von mehreren dünnen, trockenen äußeren Schalen umschlossen und haben inwendig weiße und saftige, ineinandergeschobene, blätterige Häute, einen scharfen, stechenden, das Wasser in die Augen treibenden Geruch und mehr oder weniger scharfen Geschmack. Die grünen Blätter sind rund und röhrenförmig, ebenso der Blüthenstengel, welcher am oberen Ende eine kugelförmige, weiße Blüthendolde treibt. …

… Zum Einmachen benützt man die kleinen, frühen weißen Sorten, wie die weiße holländische, die kleine Florentinerzwiebel, zum Gemüse die großen Arten, am besten die Madeirazwiebel. Uebrigens eignen sich im Allgemeinen die Zwiebeln mehr als Gewürz, mit dem man nicht zu verschwenderisch sein darf, als zu einer besonderen Speise, da sie nicht gut zu verdauen sind und schwächeren Magen viel Beschwerden verursachen.

Fritz, Franz, Schweinespeck, ein voller Sack Zwiebeln, und der Hunger ist weg!

„Essen und Trinken hält Leib und Seele zusammen", nach dieser nahrhaften Lebensphilosophie hat sich meine Großmutter ihr Leben lang gerichtet. „Junge", gab sie mir mit auf meinen Lebensweg, „Junge, mit zwei Schweinen und einem Sack voller Zwiebeln kommst du immer gut durch den Winter!" Die Winter waren schmackhaft, doch - zugegeben - kalorienreich.
Ihre beiden Kostgänger im raschelnden Stroh nannte meine Großmutter liebevoll und ganz ohne böse Absicht immer „Fritz" und „Franz". Hing in einem Jahr „Fritz" in Form von Würsten und Schinken im Rauch, so ereilte das verwurstete Schicksal natürlich im darauffolgenden Jahr „Franz". Zufrieden grunzend lag dann wieder ein rosiger „Fritz" hinter dem Futtertrog.
Der Sack Zwiebeln, der selbst im Winter noch nach Sommer duftete, stand immer parat. Die tränentreibenden Knollen verfeinerten Schinken, Braten, Suppen, Saucen und Würste. So ging mir die Liebe zu den Lauchgewächsen geradewegs durch den Magen, wurde mir fingerdick aufs Brot gestrichen und suppenweise eingelöffelt.
Eine beständige Liebe übrigens, der ich bis heute treu geblieben bin, eine Zuneigung, die mich Tag für Tag immer wieder zu neuen Tränen rührt!

Wolfgang Morisse

Ein paar Informationen vorweg

„Hat sieben Häute, beißt alle Leute!"

Kein Zweifel – ein Star, die Zwiebel! Extravagant, wohlproportioniert und immer in Schale. Die Dame bevorzugt phantasievolle Verkleidung von zartgelb bis dunkelrot, zu exquisiten Anlässen tritt sie gar auf in violetter Maskerade. Ihre Formen? Klassisch! Die Maße perfekt: Prall und kugelrund, oval und schon mal leicht abgeflacht. Nein, nein, nur keine voreiligen Schlüsse. Sie hält, was ihr Äußeres verspricht: Ein scharfer Typ – durch und durch!

Ist sie auch manch zartbesaitetem Kritiker in ihrer derben Art zu ordinär, so rührt ihr unverblümtes Auftreten die Fans gleich scharenweise zu hysterischen Tränenausbrüchen. Schon als Kinder versuchten wir ihrer exotischen Faszination auf die Spur zu kommen: „Hat sieben Häute, beißt alle Leute", so rätselten wir.

Eine Garten-Schönheit voller Saft und Kraft, skandalträchtig, geheimnisumwittert, bezaubernd! In Küche und Keller lauert sie auf ihre delikaten Auftritte, auf Tisch und Teller gibt sie mit verführerischem Zungenschnalzen ihr lukullisches Innenleben preis. Kein Zweifel – sie ist ein Star. Bissig zwar, doch zum Heulen gut!

Zum Heulen reizt aber auch die Tatsache, daß sie auf Küchentischen gleich tonnenweise dahingemetzelt wird. Unter Messern und in Schnitzelwerken haucht sie sanft ihr aromatisches Dasein aus. Kleingehackt, zerschnitten und zerrieben geht's millionenfach ab in Töpfe, Pfannen, Kasserollen. Ihr idealer Lebenszweck scheint die Nachbarschaft von Borstenvieh und Schweinespeck …

Derart mißachtet dient die Zwiebel Millionen von Essern nur dazu, faden und langweiligen Gerichten den rechten Geschmack zu geben. Dabei ist sie viel mehr als stets griffbereiter Lückenbüßer und Verlegenheitswürze.

Kaum ein anderes Gemüse – ja, richtig gelesen: Gemüse – genießt auf internationalem Parkett, auf dem Feuer und im Backofen, höheres Ansehen als die Küchenzwiebel. Unter vielfältigster Schale, als

Speise-, Gemüse-, Silber-, Perl- oder Lauchzwiebel, verbirgt sich kein durchtriebenes Pflänzchen, sondern eine köstliche Delikatesse. Kommt sie gar als Schalotte daher, so wird's ein kulinarisches Fest!
Doch bevor sich unser Küchen-Star vor aller Augen zum großen Auftritt entblättert, hier zunächst ein kleines Kapitel Botanik.
Ihr Stammbaum ist von edlem Gewächs, die Verwandtschaft nobel. Die Zwiebel (allium cepa) ist ein Lauchgewächs (allium). Man höre und staune. Die Lauchgewächse wiederum zählen zur Gattung der Liliengewächse (liliaceae). Und damit umgibt sich unser anrüchiges Küchen- und Kellerkind gleich mit einem Hauch unschuldiger Jungfräulichkeit, denn zu ihren weiteren Verwandten zählen sowohl die weiße Gartenlilie (lilium candidum) wie auch das duftende Maiglöckchen (convallaria). Einen Onkel gar treibt's im Frühjahr mit Macht an die Sonne. Als Spargel (asparagus) geht's dann ab in den Topf zu höheren kulinarischen Weihen. Fürwahr, eine steife Familie, immer auf Haltung bedacht. Dagegen kann selbst das „schwarze Schaf", der Knoblauch (allium sativum), nicht anstinken.

„Benedikt, mach die Zwiebeln dick!"

Erfahrene Gärtner sind daran zu erkennen, daß sie bis zum 16. März auf der faulen Haut liegen. Erst am 17. März, dem Gertrudistag, wagt sich die erste Gärtnerin in den Garten. Spaten, Harke und Sauzahn werden aktiv, vorausgesetzt die Vorfrühlingssonne hält, was sie zaghaft blinzelnd verspricht. Fünf Tage Zeit, den Boden zu lockern, das Zwiebelbeet für die Pflanzung, die Aussaat, vorzubereiten. Kundige Gärtner pflanzen Zwiebeln nur am 21. März, dem Namenstag des hl. Benedikt. Nicht vergessen, beim Pflanzen müssen die magischen Worte gesprochen werden: „Benedikt, mach die Zwiebeln dick!" – Nur so wird's gelingen!

Zwei Dinge sind wichtig: Beste Pflanzware und ein kuschelig warmes Beet. Es muß so gut durchgearbeitet sein, daß sich Schalotten und Steckzwiebeln mühelos mit der Hand bis zum Zwiebelhals in die Krume drücken lassen.
Alle Zwiebelsorten sind Sonnenkinder, die warme Gartenplätze, leichte, lockere, humose Böden bevorzugen. Zwiebeln können sowohl ausgesät wie auch gesteckt werden. So unterscheidet der Gärtner zwischen Säzwiebeln und Steckzwiebeln. Im eigenen Hausgarten sollte man sich für die Steckzwiebel entscheiden. Sie braucht weniger Pflege, wächst schneller, wird dicker. Ende März in den Boden gebracht, kann der Gärtner schon im Juli ernten. Da bleibt also Zeit für eine vollwertige Nachkultur von Kohl, Möhren, Bohnen oder Salat. Hände weg vom frischen Stallmist! Dafür können sich Zwiebeln nicht begeistern. Über den freut sich höchstens die Zwiebelfliege, deren Maden nichts lieber fressen als knackig frische Lauchhalme. Die Pflanzen welken, das Laub vergilbt, die Mühe war umsonst!

Die **Schalotte** wird in manchen Gegenden auch Aschlauch, Eschlauch oder Klöben genannt. Sie ist eine Zwiebelart von geringerer Größe, auf einem gemeinsamen Zwiebelboden sitzen meist mehrere rötlichbraune Zwiebeln. Ihren Namen soll die Schalotte von der in der Bibel erwähnten Philisterstadt Askalon in Palästina haben. Schalotten wachsen also in Trauben und werden walnußgroß. Sie sind fein im Geschmack und hervorzuheben ist ihre ausgezeichnete Würzkraft sowie ihre gute Haltbarkeit. Dank ihres angenehmen Aromas findet sie bei der Herstellung feiner Salate Verwendung.

Winterzwiebeln, auch bekannt als Jakobszwiebeln, Johannis- und Röhrenlauch, lange Bollen und Klöven, werden fast ausschließlich nur noch in Hausgärten angebaut. Sie stammen aus Nordasien, sind klein, scharf und würzig im Geschmack.

Frühlingszwiebeln sind keine besondere Zwiebelart, sondern eine bestimmte Sorte von Zwiebeln, die sich für eine spezielle Anbaumethode eignet.

Sie werden im Sommer recht eng gesät, damit sie nicht zu dick werden. Nach dem Überwintern werden sie im zeitigen Frühjahr vor der Reife geerntet. Angeboten werden sie auf dem Markt mit dem Röhrenlaub, das beim Zubereiten auch mitverwendet wird. Die Frühlingszwiebel ist zart, ohne Schärfe, und somit ein erstes willkommenes Grün im Frühjahr. Ideal für eine „Frühjahrskur".

Perlzwiebeln, Sommerlauch oder Weinlauch sind kleine Brutzwiebeln, die an allen Lauchgewächsen entstehen können, wenn der Samenstengelwuchs unterdrückt wird. Jede Brutzwiebel bildet dann kleine Nestchen von Perlzwiebeln. Sie sind ideal zum Einlegen in Essig. Man verwendet sie auch statt der Olive im Martini oder in anderen Cocktails.

Zwerg und **Riese** – zwei Spezialitäten: Die Winterheckenzwiebel aus Sibirien und die Sorte „The Kelsea" aus Schottland.
Die sibirische Winterheckenzwiebel ist ausdauernd und natürlich winterhart. Sind ihre Knöllchen auch winzig, so liefert sie während der kalten Jahreszeit immer frische, grüne Lauchröhrchen. Ein Vorteil, den Gourmets zu schätzen wissen.
Zwar aus Schottland, aber gar nicht schottisch knausrig überrascht die Sorte „The Kelsea" durch

üppiges Riesen-Wachstum. Gartenbesitzer wetteifern um einen Platz im „Guiness-Buch der Rekorde". Ein Brite machte bisher mit seinem Super-Star das Rennen: 3515 Gramm. Auch in unseren Gärten zählt die Sorte zu den Riesen. Wer bietet also mehr? Gärtner, spuckt auf den „grünen Daumen"!

„Trocken und luftig hält die Zwiebel knackig und duftig!"

Wer gepflanzt hat, der will auch ernten.
Gelbe Blätter und braune Schalen zeigen an, daß die Zwiebel erntereif ist. Ganz vorsichtig packt man sie beim Schopf, zieht die Knolle aus dem Boden und legt sie zum Trocknen aus. Schon im Freien sollen Zwiebeln an luftiger und trockener Stelle gelagert werden. Von Zeit zu Zeit wendet man die braunen Sonnenkinder. Erst wenn das Laub trocken raschelt wie Papier und die braunen Schalen sich von der Knolle abreiben lassen, sind sie reif zum Einlagern. Trocken und luftig mögen sie's auf alle Fälle auch in ihrem Winterquatier am liebsten. So bleibt die Zwiebel knackig und aromatisch.
Mit etwas Geschick läßt sich auch ein praktischer und platzsparender Zwiebelzopf anfertigen.
An das Ende einer langen, starken Schnur wird eine Zwiebel fest verankert. Von hier ausgehend knüpft man weitere Zwiebeln mit dem trockenen Laub sorgfältig um die Schnur. Immer von unten nach oben. Nur, zur Küchendekoration ist der Zwiebelzopf nicht geeignet, hier ist's der Zwiebel viel zu warm, sie verliert an Aroma, fault oder beginnt auszuwachsen. 6 bis 10 Grad Celsius sind ihr am bekömmlichsten.
Da Zwiebeln also hervorragend lagerfähig sind und während des ganzen Winters frisch zur Verfügung stehen, ist vom Einfrieren in der Tiefkühltruhe dringend abzuraten. Nichts kann die Würzkraft einer frisch geschälten Zwiebel ersetzen.

„Die Zwiebel nicht mit Reizen geizt, weil oft sie auch zu Tränen reizt!"

Immer wieder fällt der Liebhaber auf sie herein, auf ihre Unschuld, die angeblich kein Wässerchen trüben kann. Vorsicht! Der Schein trügt! Die tolle Knolle hat es faustdick unter den trockenen Schalen! Ein scharfer Typ, vor dem ganze Generationen freiwillig auf Tauchstation gehen. Es soll Ehemänner geben, die in schöner Regelmäßigkeit ihre Frauen in Tränen aufgelöst in der Küche finden, keines Wortes mächtig und der Verzweiflung nahe, nur weil schon wieder ein Zwiebelkuchen auf dem Speiseplan steht. Zugegeben, unser delikates Früchtchen ist unberechenbar und wer sich ihm gar mit einem stumpfen Messer nähert, an dem rächt es sich mit Tücke und Hinterlist, treibt seinem Widersacher das Wasser gnadenlos in die Augen.

Die Zwiebel hat es in sich, steckt voller Saft und

Kraft. Es sind die schwefelhaltigen ätherischen Öle, die der Knolle ihr unvergleichliches Aroma geben, die Nase und Augen „zu Tränen" reizen. Damit steckt die Zwiebel unter einer Decke mit dem Senf und dem Meerrettich.

Doch wie ist dem Tränenfluß zu entkommen? Da wird für gut und nützlich befunden, die Zwiebeln unter fließend kaltem Wasser zu schneiden. Man kann ihr auch einen Plastiksack über den Kopf ziehen und ihr darin zu Leibe rücken. Doch - igitt - der Gedanke macht schaudern!

Es geht alles viel einfacher: Zwiebeldämpfe hassen frische Luft, also schneide man möglichst bei geöffneten Küchenfenstern. Doch hier der sicherste Trick, den schleimhautreizenden ätherischen Tröpfchen zu entkommen: Beim Zwiebelschneiden sollte man die Nase „dicht machen" und nur noch durch den Mund atmen! Derart gewappnet kann die Zwiebel problemlos zerlegt werden, in die gewünschten Scheiben, Ringe, Streifen, Würfel. Ein gut geschärftes Messer ist die halbe Arbeit. Durch die Unterteilung in zahlreiche Schalen hat Mutter Natur die Zwiebel schon praktisch ausgestattet. Fast überflüssig zu erklären, wie Zwiebelringe zu schneiden sind. Mit dem Bauch wird die Knolle seitlich fest auf ein Brett gedrückt und dann geht's zügig weiter über den „Äquator" hinweg in Richtung Wurzelstrunk.

Braucht man Streifen, so halbiert man die Zwiebel in der Mitte von oben nach unten, entfernt von den Hälften den Wurzelansatz, legt sie mit der Schnittfläche aufs Brett und schneidet sie längs in Streifen. Werden Halbringe gewünscht, wird ganz einfach „quer zum Bauch" geschnitten. Zwiebelwürfel ergeben sich durch die Kombination beider Methoden: Zunächst wird die Zwiebel längs halbiert - bitte nur bis zum Wurzelansatz, der die Schalen zusammenhält - dann wird wieder quer geschnitten, von oben nach unten. Übung macht auch hier den Meister!

Lästiger Zwiebelgeruch an den Fingern ist vermeidbar, indem vor dem Schneiden die Hände mit etwas Essig oder einer halbierten Zitrone abgerieben werden. Sind die Zwiebeln geschnitten, spült man die Hände unter kaltem Wasser ab. So einfach läßt sich die dufte Knolle entschärfen!

Großer Rezeptteil

„Asche und Glut tun der Zwiebel gut."

Wer kennt sie noch, die fahlen Septemberabende, wenn in der glosenden Glut der Kartoffelfeuer die frisch geernteten Knollen garten. Wir legten Zwiebeln dazu und brannten vor Ungeduld, ehe wir mit kleinen Stöckchen die heißen Köstlichkeiten aus der Asche pulten. Salz war schnell zur Hand. So wärmten sich Finger und Magen an armer Leute Speise. Doch wir hätten alles andere dafür stehen lassen.
Die Kartoffelfeuer brennen schon lange nicht mehr, dafür kokelt an Sommerabenden unterm Grill die Holzkohle. Und schon sind wir beim ältesten Zwiebel-Rezept der Welt.

Zwiebeln in Asche

2–3 große, milde Gemüsezwiebeln pro Person, in der Schale

In der noch glimmenden Holzkohle werden die Zwiebeln mit heißer Asche und Glut bedeckt. Sie werden so lange gegart, bis die äußere Schale schwarz verkohlt und das Innere der Zwiebel weich und gar ist. 20 Minuten Geduld braucht man schon. Serviert werden die Zwiebeln mit Brot, Butter, Salz und Landwein.

Für seine Mahlzeit wollte er nichts zahlen.
Er war ein Geizhals, fraß nur Hirsebrei
und aß mit Salz bestreute Zwiebelschalen,
als ob er nur ein armer Schlucker sei.

Zwiebeln vom Grill mit Salbei-Butter

Pro Person 1 dicke Gemüsezwiebel, 4 Eßlöffel Butter, 4 frische Salbeiblätter oder gerebelter Trockensalbei, Salz, Pfeffer, Aluminiumfolie

Die Zwiebeln schälen und mit einem Apfelausstecher aushöhlen. Butter mit Salbei, Salz und Pfeffer verkneten. Die Zwiebeln füllen und in die Aluminiumfolie (Zipfel nach oben!) einschlagen. Auf dem Grill 1 gute Stunde garen. Mit dem Grillhandschuh kann man die Folie öffnen und probieren, ob die Zwiebeln schon weich sind. Serviert werden die Zwiebeln in der Folie als saftige Beilage zum übrigen Grill-Fleisch. Ausfließende Butter wird mit Weißbrotstücken aus der Folie getunkt. Dazu ein kühles Bier. Guten Appetit!

Zwiebelringe, deftig und kräftig nach Großmutters Art

Nicht erschrecken! Wir brauchen

1500 g Fett (Schweineschmalz, gemischt mit Margarine und Kokosfett), 1500 g mittelgroße Zwiebeln, in Ringe geschnitten

Das Fett wird erhitzt und die Zwiebelringe hineingegeben. Unter häufigem Umrühren (Vorsicht vor Spritzern!) wird der Topfinhalt zum Kochen gebracht. 10 Minuten kann's schon dauern.

Die Zwiebelringe werden fast 45 Minuten gekocht. Umrühren nicht vergessen, damit sich keine Ringe am Boden absetzen! Angebratene Zwiebeln sofort entfernen, sie sind bitter!
Sind alle Zwiebelringe nach oben gestiegen, bildet sich Schaum und die Ringe färben sich goldbraun. Jetzt werden sie mit dem Schaumlöffel abgeschöpft und zum Abtropfen in ein Küchensieb gegeben. Hier kühlen die Ringe ab.
Aus 1500 g Zwiebeln gewinnt man ca. 300 g Zwiebelringe, die nach dem Abkühlen mit Hilfe einer Gabel aufgelockert werden. Sie schmecken herrlich zu Schmalzbroten, Bratkartoffeln und Leber. Doch am nächsten Tag erst sind sie so richtig knusprig. Man kann sie dann zu kleinen Drinks knabbern, zu Fondue reichen, über Spätzle, Kartoffelsuppe oder Erbsenpürée geben, zu Rostbraten servieren oder in den Knödelteig einkneten. Wer Zeit hat, sollte Zwiebeln nur auf diese Art zubereiten, da sie so am bekömmlichsten sind. Das Fett kann mehrfach verwendet werden.

Fritierte Zwiebelringe in Milch und Mehl

4 mittelgroße Gemüsezwiebeln, Fritierfett, etwas Milch, Mehl, Salz und Pfeffer

Das Fett wird erhitzt, die Zwiebeln in Scheiben geschnitten und die Ringe dann in Milch getaucht und in Mehl gewälzt.
Das Fritierfett muß so heiß sein, daß ein hineingeworfener Ring sofort nach oben steigt.
Vorsichtig die vorbereiteten Zwiebelringe ins heiße Fett geben und fritieren, bis sie goldbraun an die Oberfläche steigen. Abtropfen lassen, pfeffern, salzen und sofort servieren.
In der französischen Küche heißen sie „Oignons frits", die Amerikaner sagen „Fried Onions". Serviert werden sie als Beilage zu saftigen Steaks oder Roastbeef. Geeignet auch als Knabberei zwischendurch.

Zwiebelringe in Bierteig

Für den Teig: 130 g Mehl, 1 Eßlöffel Öl, 1 Eßlöffel Bier, 2 Eiweiß, Salz und Pfeffer.
Dazu pro Person: 1 dicke Gemüsezwiebel, Mehl zum Bestäuben, gemahlener Kümmel, geriebener Käse, gehackte Petersilie
Außerdem: Fritierfett

Das Mehl wird mit dem Öl, dem Bier, Salz und Pfeffer gut verquirlt. Jetzt sollte der Teig 30 Minuten lang ruhen. Dann wird das Eiweiß steif geschlagen und dem fertigen Teig untergehoben. Nun werden die Zwiebelringe dünn mit Mehl bestäubt, durch den Teig gezogen und goldgelb im heißen Fett ausgebacken.
Mit dem Schaumlöffel aus dem Fritierfett heben, mit Kümmel oder je nach Geschmack mit dem geriebenen Käse oder der gehackten Petersilie bestreuen. – Eine leckere Knabberei zu einem fröhlichen Abend mit Bier oder Wein.

„Ein Küchenstar liebt's käsig."

Paris und Zwiebelsuppe – da läuft jedem Gourmet das Wasser im Munde zusammen, da schlägt das Herz höher, fühlt sich der Gaumen gekitzelt. Zugegeben, er hat es zu Weltruhm gebracht, dieser dampfende, köstliche Muntermacher nach durchbummelten Nächten, möglichst im Morgengrauen in einem verräucherten Bistro genossen.

Doch – man findet eben überall ein Haar in der Suppe – so typisch französisch, wie man allgemein annimmt, ist die Zwiebelsuppe gar nicht. Jede Landschaft, jede Region hat eben schon immer ihr eigenes Süppchen gekocht. Und das mit Zwiebeln und großem Erfolg.
Übrigens: Käse muß nur selten, darf aber im Grunde fast immer sein, denn unser Suppenstar liebt's käsig mit Cantal, Gruyère oder Emmentaler bestreut und überbacken!

Zwiebelsuppe nach Großmutters Art

Die Zutaten finden sich in jeder Küche, die Menge hat man im Griff!

In Schweineschmalz oder Butter läßt man 1 Handvoll zerschnittener Zwiebeln langsam weich und goldgelb dünsten. Mit Wasser ablöschen! Dazu gibt

man Schwarz- und Weißbrot, verrührt es gut und kocht es weich und sämig. Abgeschmeckt wird mit Salz und etwas geriebener Muskatnuß, je nach Geschmack fügt man ein wenig Pfeffer und Petersilie hinzu.
Diese Suppe kann man auch mit Mehl bereiten, röstet es dann aber mit den Zwiebeln leicht braun an. Verbessert wird die Suppe durch etwas Milch, durch das Abrühren mit einem Ei. Statt Wasser kann auch Fleischbrühe genommen werden.

Soupe à l'Oignon gratinée

Französische Zwiebelsuppe

350 g Zwiebeln, 3 Knoblauchzehen, 50 g Butter, 25 g Mehl, 1 ¼ l Fleischbrühe, 4 Scheiben Weißbrot, 100 g geriebener französischer Hartkäse (Cantal), Salz, schwarzer Pfeffer aus der Mühle

Die Zwiebeln in Ringe schneiden, die Knoblauchzehen auspressen, in 25 g heißer Butter goldgelb dünsten. Mit Mehl bestäuben, unter Rühren gut 5 Minuten durchschwitzen. Mit heißer Fleischbrühe ablöschen, mit Pfeffer und Salz würzen, bei kleiner Hitze gut 20 Minuten köcheln lassen. Weißbrot in Würfel schneiden, mit dem Rest der Butter in der Pfanne kräftig rösten, portionsweise in feuerfeste Suppentassen legen. Die heiße Zwiebelsuppe aufgießen, mit Käse bestreuen und im vorgeheizten Backofen auf der oberen Schiene gratinieren.

Gratinée Lyonnaise

Zwiebelsuppe aus Lyon

Gratinée ist einfach zuzubereiten, erfordert aber – bedingt durch die lange Kochzeit – eine gehörige Portion Geduld. So sollten die Zwiebeln mindestens 45 Minuten leicht geschmort werden, damit sie weich und gut verdaulich sind.

1 kg Gemüsezwiebeln in Ringen, 75 g Butter, 4 Eßlöffel Pflanzenöl, 45 g Mehl, 2 l heiße Rinderbrühe, ¾ l trockener Weißwein, Salz, frischer weißer Pfeffer aus der Mühle, ⅛ l Portwein, 12 Scheiben Baguette, 1 Eßlöffel Olivenöl, 3 Knoblauchzehen, 75 g geriebener Gruyère und Parmesan (vermischt)

In einem großen Schmortopf Butter und Öl auf kleiner Flamme erhitzen, die Zwiebelringe hineingeben und schmoren, bis sie glasig werden.
Nach 45 Minuten das Mehl einstreuen und gut verrühren. Dann die heiße Rinderbrühe und den Weißwein zugießen. Mit Pfeffer und Salz abschmecken. Die Suppe auf kleiner Flamme köcheln lassen. Jetzt auch den Portwein zugießen und nochmals abschmecken.
Während die Suppe sanft köchelt, werden die Croutons zubereitet: Den Backofen auf 180° C vorheizen. Die Brotscheiben auf ein Backblech legen und so lange im Ofen belassen, bis sie trocken und leicht angetoastet sind. Von beiden Seiten mit Öl bepinseln und mit einer Knoblauchzehe abreiben.
Die heiße Zwiebelsuppe in vorgewärmte Suppentassen schöpfen, die Croutons oben darauflegen und mit geriebenem Käse großzügig bestreuen.
Die Tassen noch einmal in den heißen Backofen schieben und erst dann servieren, wenn der Käse auf der Oberfläche geschmolzen ist und eine goldbraune Farbe angenommen hat.

Wiener Zwiebelsuppe

1 kg Gemüsezwiebeln, 100 g Butter, 3 Eßlöffel Mehl, ¼ l Fleischbrühe, ¾ l Milch, 1 Teelöffel Thymian, Zucker, Muskat, Salz, frischer weißer Pfeffer aus der Mühle, 1 Eßlöffel Schnittlauchröllchen

Zwiebelringe in heißer Butter glasig dünsten, mit Mehl abstäuben, mit Fleischbrühe aufgießen und köcheln lassen.
Unter Rühren Milch und Thymian zugeben und auf kleiner Flamme 30 Minuten garen.
Mit einer Prise Zucker, Muskat, Salz und Pfeffer

abschmecken. Kurz vor dem Servieren mit gehacktem Schnittlauch dekorieren.

Die Suppe mit gehacktem Schnittlauch und den Brotwürfeln garnieren.

Emmentaler Zwiebelsuppe

500 g Gemüsezwiebeln, 3 Knoblauchzehen, 100 g Butter, ¾ l Fleischbrühe, 1 Ecke Emmentaler Schmelzkäse, Muskatnuß, Salz, weißer Pfeffer, ⅛ l Sahne, 3 Scheiben Toastbrot, 1 Bund Schnittlauch

Geschälte Zwiebeln in reichlich Salzwasser 30–40 Minuten garen. Im Sieb abtropfen lassen und mit 2 geschälten und zerdrückten Knoblauchzehen in 60 g Butter dünsten, bis sie sich zu Mus zerdrücken lassen. Mit der heißen Brühe aufgießen. Den Schmelzkäse in die Suppe einrühren, bis er sich vollständig aufgelöst hat. Würzen und die Sahne unterheben. Die restliche Butter schmelzen, 1 gepreßte Knoblauchzehe und gewürfeltes Toastbrot zugeben, in der Pfanne goldbraun rösten.

Cherbah

Berühmte arabische Zwiebelsuppe

300 g Gemüsezwiebeln, 6 Eßlöffel Olivenöl, 1 kleines Sträußchen frische Pfefferminze, 6 Tomaten, 1 rote Paprikaschote, 4 Knoblauchzehen, 1 ¼ l Fleischbrühe, Pfeffer, Salz, 2 Eigelb, 3 Eßlöffel Zitronensaft

Grobgehackte Zwiebeln in Olivenöl anschwitzen, gehackte frische Pfefferminze, Tomatenscheiben, kleingeschnittene rote Paprikaschote und gepreßte Knoblauchzehen dazugeben. Mit Fleischbrühe auffüllen und langsam gar dünsten. Nach Geschmack pfeffern und salzen, mit Eigelb binden und mit Zitronensaft abschmecken.

Zwiebel-Käse-Suppe

200 g Zwiebeln, 60 g Butter, 1 l Hühnerbrühe, 1 Lorbeerblatt, 20 g Mehl, 50 g geriebener Parmesankäse, Salz, weißer Pfeffer, 4 Scheiben Emmentaler, 4 Scheiben Weißbrot

Feingehackte Zwiebeln in 40 g Butter goldgelb dünsten. Mit heißer Hühnerbrühe aufgießen und das Lorbeerblatt dazugeben.
Mehl sowie 20 g Butter in einer Schüssel verkneten und unter kräftigem Rühren in die köchelnde Suppe geben. Parmesan einrühren, mit Salz und Pfeffer abschmecken. Lorbeerblatt herausnehmen! Die Weißbrotscheiben toasten und würfeln. Suppe in 4 feuerfeste Tassen füllen, Brotstückchen darauf verteilen und mit je einer Scheibe Emmentaler abdecken. Im vorgeheizten Backofen auf oberster Schiene 15 Minuten gratinieren.

Badische Zwiebelsuppe

500 g Zwiebeln, 60 g Butter, etwas Mehl, 1 ¼ l Fleischbrühe, 2 Eigelb, 4 Eßlöffel süße Sahne, 2 Scheiben Weißbrot, 1 Schuß trockener Badischer Weißwein, ½ Bund Petersilie, ½ Bund Schnittlauch, Salz, weißer Pfeffer aus der Mühle

Zwiebelringe in 40 g heißer Butter glasig dünsten, mit Mehl abstäuben und durchschwitzen lassen. Heiße Fleischbrühe aufgießen, mit Salz und Pfeffer abschmecken und 30 Minuten köcheln lassen! Inzwischen das Weißbrot würfeln und in der Pfanne in 20 g heißer Butter knackig anrösten. Eigelb, Weißwein, Sahne, Salz und Pfeffer gut verquirlen! Die Zwiebelsuppe von der Flamme nehmen und die Ei-Wein-Sahne-Mischung langsam einrühren. Zugedeckt 5 Minuten ziehen lassen. Mit den Brotwürfeln und gehackten Kräutern bestreuen und im Topf sofort heiß auf den Tisch bringen.

Kölner Zwiebelsuppe

500 g Zwiebeln, 50 g Butter, 3 Karotten, 1 ¼ l Fleischbrühe, 250 g grobe Mettwurst, 500 g gekochte Kartoffeln, 2 Teelöffel Essig, Majoran, Salz, Pfeffer, Petersilie

Feine Zwiebelscheiben in der heißen Butter glasig dünsten, geraspelte Karotten dazugeben und mitdünsten. Die Fleischbrühe zugießen, gewürfelte Mettwurst zugeben und bei geringer Hitze 45 Minuten kochen lassen. Mit Majoran, Pfeffer, Salz abschmecken und den Essig einrühren.
Mit Kartoffelscheiben auffüllen und zehn Minuten heiß halten. Mit gehackter Petersilie bestreut servieren.

Zwiebelsuppe „1001 Nacht"

300 g Gemüsezwiebeln, 2 grüne Paprikaschoten, 2 rote Paprikaschoten, 5 Tomaten, 1 frische Peperoni, 3 Knoblauchzehen, 1 l Hühnerbrühe, 4 Eßlöffel Schmalz, 1 Eßlöffel Essig, je eine Prise Thymian, Rosmarin, Zucker, Ingwer, Curry, Cayennepfeffer, Salz, 2 Eigelb, 150 g Schafskäse

Gehackte Zwiebeln im Schmalz langsam goldgelb dünsten, Paprikaschoten in feine Streifen schneiden, Peperoni hacken und mitdünsten. Knoblauchzehen auspressen, Tomaten enthäuten, vierteln und dazugeben. Einige Minuten schmoren lassen! Die Gewürze einstreuen, mit Hühnerbrühe auffüllen und 30 Minuten köcheln lassen. Mit Essig abschmecken.
Die Suppe von der Flamme nehmen und Eigelb unterheben. Vor dem Servieren dick mit Bröckchen von Schafskäse bestreuen!

Zwiebelkaltschale

1 l Hühnerbrühe (im äußersten Notfall Instant-Brühe), 750 g enthäutete und geviertelte Zwiebeln,

2 Stengel Liebstöckel, 1 Eßlöffel Kräuteressig,
1 Teelöffel Zucker, Salz, weißer Pfeffer aus der Mühle

Die Zwiebeln in der Hühnerbrühe mit den kleingehackten Liebstöckel-Stengeln zugedeckt 30 Minuten kochen lassen. Vom Feuer nehmen, mit einem Schaumlöffel Zwiebeln und Liebstöckel aus der Bouillon heben. Mit einem Mixer und unter Zugabe von wenig Bouillon fein pürieren. Zwiebelpürée in die erkaltende Bouillon einrühren und den Kräuteressig hinzufügen. Mit Salz, Pfeffer und Zucker abschmecken. In den Kühlschrank stellen und eiskalt servieren!

Damit nicht sei verschmäht Dein Kuß, die Zwiebel stets gekocht sein muß!

„Da bleibt kein Auge trocken."

Zwiebeln sind bekanntlich keine „Kinder von Traurigkeit". So geben deftige Zwiebelsalate jeder feucht-fröhlichen Garten- oder Grillparty, jedem rustikalen Abendessen erst die rechte Würze. Kein Salade Niçoise, kein Balkan-Salat, kein Tomaten- oder Kartoffelsalat ohne Zwiebeln. Doch es gibt auch eine große Palette kernig-deftiger Salate, in denen die Zwiebel die „erste Geige" spielt, in denen sie tonangebend das lukullisch-salatige Vergnügen dirigiert.

Wer's etwas milder und gesitteter mag, sollte das scharfe Sonnenkind zähmen und kurz in kochendem Wasser abbrühen. So wird es sanft und tugendhaft mild. Damit die Zwiebel knackig bleibt, sollte sie nach dem Kochen schnell mit kaltem Wasser abgeschreckt werden. Blanchieren nennt man diese einfache Technik, die der Zwiebel ihre gefürchtete Schärfe nimmt.
Ideal für alle Salate ist die würzige und herrlich saftige spanische Gemüsezwiebel.

I. Salate

Zwiebel-Ananas-Salat

200 g Zwiebeln, 350 g Ananasstückchen
Für die Marinade: 50 g Mayonnaise, 2 Eßlöffel Ananassaft, 3 Eßlöffel Öl, Saft von ½ Zitrone, 1 Teelöffel Curry, 1 Eßlöffel Paprika (edelsüß), 1 Prise Cayennepfeffer, 3 Tropfen Tabasco, Salz, weißer Pfeffer
Für die Garnierung: ½ Kästchen Kresse

Die Zwiebeln in Ringe schneiden, blanchieren und abkühlen lassen. Auf einem Sieb läßt man die Ananasstückchen abtropfen und fängt den Saft auf als Grundsubstanz für die Marinade. Alle Zutaten werden mit einem kleinen Schneebesen in einer Schüssel verrührt und pikant abgeschmeckt. Jetzt hebt man die Zwiebelringe und die Ananasstücke in die Marinade, mischt diese gut mit Hilfe des Salatbestecks und läßt alles zugedeckt eine gute Stunde im Kühlschrank marinieren.
Kurz vor dem Servieren garniert man den Zwiebel-Ananas-Salat mit der frischen Kresse.

Zwiebel-Eier-Salat

4 dicke Gemüsezwiebeln, 2 Äpfel, 5 hartgekochte Eier, eingelegte Gewürzgurken, 1 kleines Glas ein-

gelegte rote Paprika, 2 Eßlöffel Öl, 1 Eßlöffel Essig, Salz, Pfeffer, Zucker

Die Gemüsezwiebeln in feine Ringe schneiden und kurz blanchieren, abkühlen lassen. Eier und Äpfel in Scheiben schneiden, Gewürzgurken und Paprika fein würfeln. Alles in eine große Salatschüssel geben und gut mischen. Aus Öl, Essig, Salz, Pfeffer, Zucker eine Salatsauce quirlen, über den Salat geben, gut mischen und noch einmal abschmecken.
Einige Stunden im Kühlschrank durchgezogen, so schmeckt der Salat am besten.

Zwiebel-Salat mit Orangen

300 g mittelgroße Zwiebeln, Salz, 4 Orangen, weißer Pfeffer, 1 Teelöffel Honig, ½ Teelöffel Senfpulver, 4 Eßlöffel Öl, 3 Eßlöffel Sherryessig, wenig Orangensaft

Die Zwiebeln schälen und in dünne Ringe schneiden. Die geschälten Orangen von den weißen Häuten säubern und ebenfalls in Scheiben schneiden. Abwechselnd mit den Zwiebelringen in eine Schüssel schichten, dabei jede Schicht ganz vorsichtig salzen und mit gemahlenem weißen Pfeffer bestreuen. Den Honig mit Senfpulver, Essig, Öl und etwas aufgefangenem Orangensaft verrühren und über den Salat gießen. Zugedeckt 1 Stunde ziehen lassen und später mit knackigem Toast servieren.
Statt der Orangen kann man übrigens auch Mandarinen nehmen. Nimmt man dazu rote Zwiebeln, ist's nicht nur eine Freude für den Gaumen, sondern auch ein hübscher Anblick.

Zwiebel-Champignon-Salat

16 kleine weiße Zwiebeln, 16 mittelgroße frische Champignons, Reste von Braten, Geflügel oder gekochtem Schinken, 40 g Butter, ¼ l Crème fraîche, 1 Eßlöffel Zitronensaft, 1 Bund fein gezupfter Dill, Zucker, Salz, schwarzer Pfeffer aus der Mühle, Worcestersauce

Die Zwiebeln schälen, die Champignons putzen. Bei mittlerer Hitze die Zwiebelchen in 20 g Butter golden anbraten, mit ½ Tasse Wasser ablöschen, salzen, zuckern. In geschlossenem Topf 20 Minuten dünsten. Die Champignons in der restlichen Butter bei kleiner Hitze 10 Minuten schwenken. Zu den Zwiebeln geben und auskühlen lassen. Crème fraîche mit Zitronensaft, Salz, Pfeffer, Dill und einer Prise Zucker zu einer sämigen Sauce verrühren. 3 Spritzer Worcestersauce zugeben. Die erkalteten Zwiebeln und Champignons in nicht zu kleine Stücke schneiden. In der vorbereiteten Sauce nach Geschmack mit den Braten-, Geflügelresten oder dem gekochten Schinken vermischen. 20 Minuten ziehen lassen.

Zwiebelsalat, bayerisch

300 g Zwiebeln, 400 g magere Fleischwurst, 200 g Emmentaler
Für die Marinade: 4 Eßlöffel Essig, 6 Eßlöffel Öl, 1 Teelöffel Senf, Salz und feiner weißer Pfeffer

Die Zwiebeln in dünne Ringe schneiden, blanchieren und abkühlen lassen. Fleischwurst und Emmentaler fein würfeln. Die Zutaten für die Marinade vermengen und über das Zwiebel-Wurst-Emmentaler-Gemisch geben. Gut untermengen und 30 Minuten im Kühlschrank ziehen lassen. Mit frischem dunklen Brot und einer Maß Bier die ideale Nachmittagsjause. In hochsommerlicher Hitze im Schatten dicker Kastanien serviert schmeckt's doppelt gut.

Roter Zwiebelsalat

300 g rote Zwiebeln, 4 Orangen, 12 gefüllte grüne Oliven, 6 schwarze Oliven, 2 Eßlöffel Estragonessig, 5 Eßlöffel Öl, 1 Prise Zucker, Salz, weißer Pfeffer aus der Mühle

Die Zwiebeln halbieren und in feine Scheiben schneiden. Die Orangen schälen und filetieren. Mit den Oliven (die schwarzen unbedingt entsteinen!) in eine Schüssel geben. Essig und Öl mit den übrigen Gewürzen anrühren und darübergießen. Jetzt den Salat locker mischen und im Kühlschrank 30 Minuten ziehen lassen.
Als Beilage zu gebratenem Geflügel reichen.

Schalottensalat

300 g Schalotten, Salzwasser, Saft von ½ Zitrone, 100 g gekochter Schinken
Für die Marinade: 2 Eßlöffel saurer Rahm, 1 Teelöffel Senf, 2 Eßlöffel Essig, 4 Eßlöffel Öl, Salz, weißer Pfeffer aus der Mühle
Für die Garnitur: Tomaten, Petersilie

Die Schalotten schälen. Salzwasser mit Zitronensaft würzen und die Schalotten darin blanchieren. Abschrecken und auskühlen lassen!
Die Marinade aus den angegebenen Zutaten gut verquirlen, Schalotten unterheben, mischen und zugedeckt im Kühlschrank ziehen lassen.
Den gekochten Schinken in Streifen schneiden und untermengen.
Hübsch mit Petersiliensträußchen und Tomatenvierteln garniert, ist das eine schmackhafte Ergänzung zu kaltem Bratenfleisch oder einer deftigen Wurstplatte.

Amsterdamer Schalottensalat

10 Schalotten, 5 mittelgroße Äpfel

Für die Marinade: 4 Eßlöffel Salatöl, 2 Eßlöffel Zitronensaft, 1 Prise Zucker, Salz

Die Schalotten in dünne Ringe schneiden.
Die Äpfel schälen, entkernen und fein würfeln. Aus Öl, Zitronensaft, Zucker und Salz die Salatsauce bereiten. Über die Zwiebeln und Äpfel geben und im Kühlschrank gut durchziehen lassen. Zu frischen Matjesfilets serviert – eine Köstlichkeit!

Lissaboner Zwiebelsalat

6 Zwiebeln, 3 Tomaten, 1 kleine grüne Gurke, 2 mittelgroße Äpfel, 2 Knoblauchzehen, Saft von 1 Zitrone, 3 Eßlöffel Olivenöl, 2 hartgekochte Eier, 3 rote Peperoni, Pfeffer, Salz, Portwein

Zwiebeln, Tomaten, Gurke und Äpfel in feinste Scheiben schneiden und in eine Salatschüssel geben. Nach Geschmack salzen und pfeffern. Den Zitronensaft darübergießen und das Olivenöl zufügen. Knoblauchzehen pressen und zum Salat geben. Mit dem Salatbesteck gut durchmischen und ziehen lassen. Mit den gekochten und halbierten Eiern garnieren. Peperonis in kleine Ringe schneiden und darüberstreuen. Ein Schuß Portwein – von oben über den Salat gegossen – rundet das knackige Vergnügen ab.

Zwiebelsalat, schottisch

400 g Gemüsezwiebeln, Essig, Salz, 1 Prise Zucker, 2 Eßlöffel Öl

Die Zwiebeln in dicke Ringe schneiden und in Essigwasser – ⅔ Wasser, ⅓ Essig – kurz aufkochen, dann auf einem Sieb abtropfen und auskühlen lassen. In eine Schüssel legen und je nach Geschmack mit Essig und Öl beträufeln, mit Zucker und Salz abschmecken.
Dieser Salat wird gern zu gekochtem Rindfleisch gereicht.

Zwiebelsalat, pikant

6 mittelgroße Zwiebeln, 3 Eßlöffel Butter, 1 Eßlöffel Öl, 1 ½ Eßlöffel Weinessig, 1 Teelöffel scharfer Senf, 1 Eßlöffel gehackte Petersilie, Salz, Pfeffer

Die Zwiebeln in dünne Ringe schneiden. Butter und Öl in einem Topf erhitzen. Die Zwiebelringe so lange darin dünsten, bis sie weich und hellgelb geworden sind. Mit einem Schaumlöffel aus dem Topf heben und gut abtropfen lassen.
Aus Essig, Senf, Petersilie, Salz und Pfeffer eine pikante Salatsauce zubereiten. Die warmen Zwiebeln damit gut mischen. 10 Minuten ziehen lassen.
Brät man jetzt in der Zwiebelbutter kleine Kartoffeln an und serviert sie zum pikanten Salat, ist das Essen perfekt.

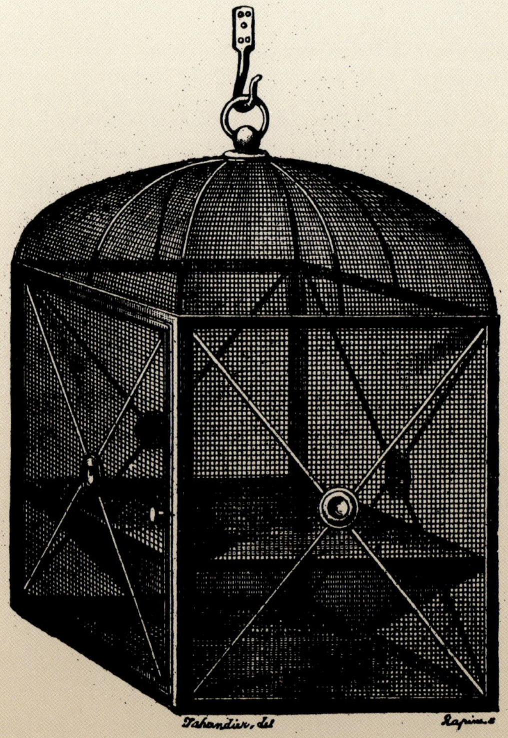

II. Vorspeisen

Zwiebeln mit Rosinen

Ein köstliches Hors d'œuvre!

500 g haselnußgroße Silberzwiebeln, 2–3 Teelöffel Korianderkörner, 1 Handvoll Rosinen, 1 Eßlöffel Tomatenmark, 1 Glas Weißwein, 2 Eßlöffel Essig, 4 Eßlöffel Olivenöl, ½ Teelöffel Safranpulver oder 1 Teelöffel Safranfäden, Zucker, Salz, schwarzer Pfeffer

Die Zwiebeln schälen und in eine große Pfanne legen (es darf auch ein großer Schmortopf sein). Sie sollten nebeneinander liegen und den Boden bedecken. Darüber streut man die Korianderkörner und die gut gewaschenen Rosinen. Das Tomatenmark wird mit dem trockenen Weißwein verrührt. Essig, Safran, eine gute Prise Salz, Pfeffer sowie Olivenöl zum Weißwein-Tomatenmark-Gemisch geben und gut verquirlen. Die Mischung über die vorbereiteten Zwiebelchen gießen, so daß diese knapp bedeckt sind. Bei geringer Hitze zugedeckt langsam köcheln lassen.
Knapp 1 Stunde Zeit sollte man rechnen, doch aufpassen: Die Zwiebeln dürfen nur gar werden, aber nicht verkochen! In der letzten Viertelstunde den Deckel abnehmen und die Flüssigkeit etwas einkochen lassen.
Zu einem Glas Wein und frischem Weißbrot genossen, ist das eine delikate sommerliche Vorspeise.

Zwiebeln in Honigsauce

10 mittelgroße Zwiebeln, ½ l Wasser, ½ l herber Weißwein, 1 Eßlöffel Butter, 1 Eßlöffel Weizenvollkornmehl, 1 Teelöffel Honig, etwas Zitronensaft, Majoran, Pfeffer

Die Zwiebeln sorgfältig schälen, in dem Wasser-Weißwein-Gemisch gar kochen, herausnehmen und warm stellen.
Die Butter in einer Kasserolle zerlassen, Mehl unterrühren, mit dem Weißwein-Wasser-Sud ablöschen, mit einer guten Prise Majoran (je nach Geschmack), Pfeffer, Honig und Zitronensaft würzen. Die Zwiebeln vierteln und – mit der Sauce übergossen – heiß zu deftigen Bratenstücken servieren.

Perlzwiebeln in Sauce

6 Eßlöffel marinierte Perlzwiebeln, 50 g Butter, 1 Eßlöffel Mehl, ½ l Fleischbrühe, 1 Zweig Liebstöckel, 1 Prise Koriander, 1 Teelöffel Essig, 1 Teelöffel Zucker, Pfeffer, Salz, 1 Eigelb, 1 Eßlöffel Schnittlauch

Mehl in der zerlassenen Butter hellgelb dünsten, mit der Fleischbrühe ablöschen, kurz aufkochen lassen. Liebstöckel, fein gehackt, dazugeben, mit Koriander abschmecken, mit Essig, Zucker, Pfeffer und Salz vorsichtig die Sauce harmonisch einstimmen. 20 Minuten sanft köcheln lassen. Perlzwiebeln in den Sud geben und die Sauce mit dem Eigelb legieren. Zum Schluß den Schnittlauch dazugeben und unterrühren.
Mit Baguette oder Toast servieren.

Zwiebeln in Rotwein

1 kg kleine Silberzwiebeln, 1 l Rotwein, 2 Eßlöffel Olivenöl, 2 Eßlöffel Honig

Es braucht schon etwas Geduld und hoffentlich nicht allzuviele Tränen, ehe die Zwiebeln geschält sind.
In einer feuerfesten Form aus Glas oder Guß (aber bitte ohne Holzgriffe) wird das Olivenöl erhitzt.

Die Zwiebeln darin rundum gut andünsten. Glasig sollten sie schon sein, aber auch noch „Biß" haben. Jetzt werden die Zwiebeln mit Rotwein angegossen, daß sie bis zum Bauch gut in Flüssigkeit stehen. Die Form in den vorgeheizten Ofen geben und bei etwa 200° C 1 Stunde garen. Dabei ab und zu den restlichen Rotwein nachgießen. Zuletzt den Honig überträufeln und die Weinsauce sirupartig einkochen. Und dazu braucht man wieder etwas Geduld! Kalt serviert, mit einem Stückchen Toast, munden die Zwiebeln in Rotwein am besten.

Glacierte Zwiebeln

500 g Silberzwiebeln, 50 g Butter, 1 Eßlöffel Zucker, Salz, Pfeffer

Die Zwiebelchen schälen, waschen und mit Küchenkrepp trocken tupfen. Damit die kleinen Knöllchen nicht zerfallen, ist es empfehlenswert, den Wurzelansatz nicht zu knapp abzuschneiden! In einem großen Schmortopf oder einer Schwenkpfanne sollen die Zwiebeln nebeneinander liegen und den Boden bedecken. Die Hälfte der Butter wird in kleinen Flöckchen auf den Zwiebeln verteilt. Danach mit Zucker bestreuen, mit Salz und frischem weißen Pfeffer aus der Mühle würzen. Auf kleiner Flamme hellbraun sautieren. Dann so viel Wasser zugießen, daß die Zwiebeln beinahe bedeckt sind. Bei mittlerer Hitze locker zugedeckt etwa 20 Minuten sieden lassen. Die Flüssigkeit muß schon einen sirupartigen Charakter haben.

Gegen Ende der Garzeit die Zwiebeln in der Pfanne gut schwenken, damit sie sich möglichst gleichmäßig mit dem Sirup überziehen. Die restliche Butter in Flöckchen hinzufügen und – je nach Geschmack – nochmals salzen und pfeffern.

Als Vorspeise zu verwenden sowie auch als Beilage zu Rindfleisch.

Zwiebelträume

Der schwäbische Dichter Eduard Mörike (1804–1875) mußte einst bei seinem Amtsbruder, dem Pfarrer von Winsheim, in einer Kammer übernachten, in der auch Zwiebeln gelagert wurden. Dieses Erlebnis inspirierte den Romantiker zu folgenden Zeilen mit dem verzweifelten Ruf nach Zwiebelkuchen.

Ganz richtig hört' ich sagen,
Daß, wer in Zwiebeln schlief,
Hinunter werd' getragen
in Träume schwer und tief.

Und gegen dieses Übel,
Das gar nicht angenehm,
Hilft selber nur die Zwiebel
Nach Hahnemanns* System.

Das laßt uns gleich versuchen!
Gott gebe, daß es glückt! –
Und schafft mir Zwiebelkuchen!
Sonst werd' ich noch verrückt!

*Samuel Hahnemann, Arzt und Begründer der Homöopathie, hatte zu jener Zeit gerade die These aufgestellt, daß „Ähnliches mit Ähnlichem" zu heilen sei.

„Wein, Zwiebeln und Gesang."

Überall da, wo Wein wächst, reicht man auch den Zwiebelkuchen zum Rebensaft. So ist er in der Pfalz und in Hessen als „Zwiwwelkuche" bekannt, die Franken nennen ihn „Zwiebelplatz", die Schwaben sagen „Zwiwlwähe" und in Baden läßt man ihn als „Zwiewelkuche" oder „Zwiwelblotsch" auf der Zunge zergehen. Treffend sagt man zuweilen auch ganz einfach „Posaunentorte".
Na, warum wohl?
Einen echten Schmecklecker zieht es in der Herbsteszeit – wo immer in der Welt er auch gerade sei – mit ungeheurer Macht nach Hause zu seinem geliebten neuen Wein und dem dampfenden Zwiebelkuchen.
Wichtig: Mit der großen, milden Gemüsezwiebel gelingt der Zwiebelkuchen am besten!

Zwiebelkuchen, süddeutsch

Für den Teig: 250 g Mehl, 60 g Butter, 20 g Hefe, 1 kleine Tasse lauwarme Milch, 1 Prise Salz, Butter für die Form
Für den Belag: 1 kg Zwiebeln, 200 g geräucherter durchwachsener Speck, 3 Eßlöffel Butter oder Schmalz, Salz und Pfeffer, 1 kräftige Prise Kümmel, ¼ l saure Sahne, 2 Eigelb, 2 Eier

Zunächst wird aus den angegebenen Zutaten ein Hefeteig hergestellt. Nur kurz aufgehen lassen und dann in eine ausgebutterte große Springform so einlegen, daß ein Rand von knapp 3 cm hochgedrückt werden kann.
Jetzt werden Zwiebeln und Speck gewürfelt.
In einer Pfanne die Zwiebelwürfel mit dem Fett auf kleiner Hitze glasig dünsten. Danach zum Speck in die Pfanne geben und unter häufigem Rühren hellgelb werden lassen. Angebratene Zwiebelwürfel sofort entfernen. Zum Abkühlen

beiseite stellen, mit Salz, Pfeffer und Kümmel abschmecken.
Sahne mit den Eiern und dem Eigelb gut verrühren. Abgekühlte Zwiebelmasse auf dem Teigboden verteilen. Langsam jetzt das Sahne-Eier-Gemisch darübergießen. Darauf achten, daß es überall zwischen die Zwiebeln dringt.
Im vorgeheizten Backofen bei ca. 200° C etwa 40 Minuten backen.
Der Zwiebelkuchen wird heiß serviert, dazu gibt's frischen Wein, der nicht mehr süß ist. Ideal ist auch ein kräftiger, herber Weißwein.

Fränkischer Zwiebelkuchen

Für den Teig: 300 g Mehl, 1 Teelöffel Salz, ⅛ l Milch, 20 g Hefe, 100 g flüssiges Schweineschmalz, Fett für die Form
Für den Belag: 200 g geräucherter durchwachsener Speck, 1500 g Zwiebeln, 2 Eßlöffel Schmalz, 4 Eier, 1 Becher saure Sahne, 1 Teelöffel Kümmel, 1 Prise Salz

Hefe mit der lauwarmen Milch glatt rühren. Mehl mit Salz mischen und mit der Hefemischung verkneten. Nach und nach abgekühltes Schweineschmalz zugeben. Den Teig kräftig durchwalken, bis er sich leicht von der Arbeitsfläche löst. Zu einer Kugel formen, mit einem Tuch abdecken und an einem warmen Platz aufgehen lassen.
Die Teigmasse muß sich um das Doppelte vergrößern.
Die Speckwürfel bei geringer Hitze in der Pfanne auslassen. Mit dem Schaumlöffel die Speckgrieben herausheben. Zwiebeln mit Schmalz zugeben, glasig dünsten, abkühlen lassen. Hefeteig wieder durchkneten, ausrollen, eine gefettete Springform damit auslegen und die Ränder hochziehen. Auf dem Teig die Zwiebelmasse und die Speckgrieben verteilen. Eier mit Sahne, Salz und Kümmel verrühren und darübergießen.
Backofen vorheizen. Etwa 1 Stunde ausbacken und noch warm zum jungen Wein servieren!
Ganz original wird der Fränkische Zwiebelkuchen mit Sauerteig gemacht, den man sich am besten beim Bäcker besorgt.

Pfälzer Zwiebelkuchen

Für den Teig: 200 g Quark, 8 Eßlöffel Öl, 6 Eßlöffel Milch, 1 Ei, 1 gestrichener Teelöffel Salz, 400 g Mehl, 1 Päckchen und 2 gestrichene Teelöffel Backpulver, Fett für die Form
Für den Belag: 500 g Zwiebeln, 300 g Schinkenspeck, 3 Eier, ¼ l saure Sahne, 1 gestrichener Teelöffel gehackter Kümmel, 1 Prise Salz

Den Quark durch ein Sieb streichen, mit Öl, Milch, Ei und Salz verrühren. Die Hälfte des Mehls mit dem Backpulver mischen, in den Quark rühren, dann das restliche Mehl dazugeben und einen glatten Teig kneten.
Den Teig ausrollen, eine gefettete Springform damit belegen, ringsum einen Rand formen. Gewürfelten Speck anbraten, Zwiebelscheiben kurz mit glasig schmoren. Die Mischung abkühlen lassen und dann auf den Teig geben. Eier mit Sahne, Kümmel und Salz gut verquirlen und langsam über die Zwiebel-Speck-Mischung gießen. Jetzt geht's bei 220° C für ca. 30 Minuten ab ins Backrohr. Heiß in Stücke schneiden und – guten Appetit!

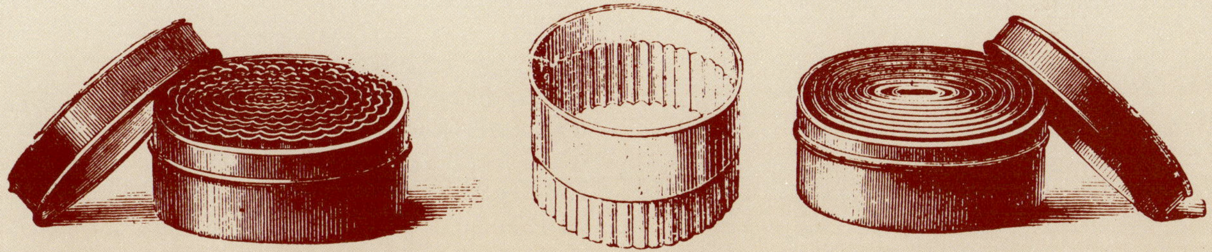

Variationen:
Es muß nicht unbedingt Hefeteig sein. Badischer Zwiebelkuchen wird auch gern auf Brotteig gebacken. Früher kannte man es gar nicht anders. Bei jedem Brotbacken wurden anschließend auch die Zwiebelkuchen in den warmen Backofen geschoben. Das ganze Jahr über. – Mancherorts backt man noch heute den Zwiebelkuchen auf großen Blechen, ganz dünn in Teig und Belag. „Zwiwlwähe" wird überall im Schwäbischen auch in Formen gebacken, die an die italienische Pizza erinnern, also echte Fladen. Als Belag eignen sich auch kleingeschnittene Frühlingszwiebeln. Wer's mag, kann auch Mürbeteig für den Zwiebelkuchen verwenden. Wenn's schnell gehen soll, eignet sich sogar Tiefkühl-Blätterteig.

Bärner Zibelechueche

Berner Zwiebelkuchen

Der berühmteste Herbstmarkt in Bern ist sicherlich der „Zibelemärit", der am letzten Montag im November stattfindet. Der Ursprung dieses Marktes liegt im Dunkeln. Doch einer Überlieferung nach wurde er den Bewohnern der Gegend zwischen Murten und Neuenburgersee als Belohnung zugesprochen, weil sie nach dem Stadtbrand von 1405 besonders tatkräftige Hilfe geleistet hatten. Und tatsächlich sind es immer noch die Bauern aus diesem Gebiet, die ihre Zwiebeln auf den „Zibelemärit" bringen. Die Zwiebeln türmen sich an diesem Tag vor dem Bundeshaus auf dem Berner Bärneplatz zu hohen Bergen oder sind kunstvoll zu dicken Zöpfen geflochten. Nach dem Schauen und Einkaufen wärmt man sich auf in einem gemütlichen Lokal, in dem „Zibelechueche" oder eine derbe Bratwurst mit „Zibele" serviert wird.

Unterlage: Hefeteig (siehe Rezept Seite 41)
Für den Belag: 1 kg Zwiebeln, 2 Eßlöffel Butter, 4 Eier, ¼ l Sahne, Salz, Pfeffer, Butterflocken

Die Zwiebeln fein würfeln und unter Rühren 20 Minuten in der Butter dünsten, ohne daß sie

Farbe annehmen. Die Eier mit der Sahne gut verrühren, würzen und mit den abgekühlten Zwiebeln mischen. Das gebutterte Blech mit dem dünn ausgewalzten Teig auslegen, mehrmals mit einer Gabel einstechen und den Zwiebelbelag daraufgeben. Mit Butterflocken belegen und bei 220° C ungefähr 45 Minuten backen.

Basler Züibelewäie

Basler Zwiebelkuchen

Unterlage: Hefeteig (siehe Rezept Seite 41)
Für Belag einer Springform von 25 cm Durchmesser: 50 g feingehackte Würfel von durchwachsenem Speck, 30 g Butter, 400 g Zwiebeln, Muskatnuß, 1 Eßlöffel Mehl, ¼ l Milch, ¼ l Rahm, 3 Eier, 50 g geriebener Käse, Salz, Pfeffer

Die gebutterte Form mit dem Teig auslegen. Mit einer Gabel mehrmals einstechen und mit dem geriebenen Käse bestreuen.
Die Speckwürfelchen ausbraten, bis sie glasig werden, Butter zugeben und darin die Zwiebeln, blättrig geschnitten, auf kleiner Flamme vorsichtig dünsten. Sie dürfen nicht gelb oder gar braun werden. Leicht abkühlen lassen, mit Salz, Pfeffer und geriebener Muskatnuß abschmecken.
Mehl mit Milch glatt anrühren, die Eier dazugeben und gut verklopfen, Rahm unterheben. Mit Salz und Pfeffer abschmecken. Den Zwiebelbelag auf dem Teigboden verteilen, mit dem Mehl-Eier-Gemisch gleichmäßig bedecken. Ins vorgeheizte Backrohr schieben und bei spältchenbreit offener Tür die ersten 15 Minuten bei 230° C, dann 20 Minuten bei 210° C backen.
Bei einfacheren Rezepten wird nur Milch verwendet. Man kann auch den Speck weglassen.

Tarte aux Oignons

Zwiebelkuchen nach Waadtländer Art

Unterlage: Hefeteig (siehe Rezept Seite 41)
Für den Belag: 1 kg Zwiebeln, 4 Eßlöffel Butter, 4 Eier, 1/4 l Rahm, Salz, Pfeffer, Muskatnuß

Die Zwiebeln werden fein gewürfelt. Die Butter erwärmen und die Zwiebeln langsam darin dünsten, bis sie „lahm" werden. Sie dürfen nur leicht gelblich sein. Dann abkühlen lassen.
Eier mit dem Rahm gut verquirlen. Mit Salz, Pfeffer und Muskatnuß würzen. Die abgekühlten Zwiebeln mit dem Eierrahm mischen. Das mit Butter bestrichene Kuchenblech mit dem dünn ausgewallten Teig auslegen. Mehrmals mit einer Gabel einstechen. Im Ofen bei ca. 240° C 10 Minuten vorbacken. Den Zwiebelbelag daraufgeben, die Hitze auf 220° C reduzieren und ca. 20 Minuten weiterbacken. Heiß servieren.

Zwiebelkuchen aus dem Elsaß

Für den Teig: 250 g Mehl, 250 g Speisequark, 1/8 l Wasser, Salz, Öl und Backpapier für die Form
Für den Belag: 8 Gemüsezwiebeln, 125 g Butter, 1/4 l Sahne, 1 Becher Joghurt, 3 Eier, 3 gehäufte Teelöffel Speisestärke, 1 Prise gemahlener Kümmel, Salz, Pfeffer, edelsüßer Paprika

Das Mehl in eine Teigschüssel sieben, den Speisequark darüberkrümeln, mit Mehl mischen, Wasser zugießen, salzen und die Masse zu einem glatten Teig verkneten. Im Kühlschrank 60 Minuten ruhen lassen!
Zeit, sich dem Belag zu widmen. Gewürfelte Zwiebeln in Butter langsam glasig dünsten. Nicht weich werden lassen! Zum Auskühlen ans Fenster stellen.
Auf einem bemehlten Backbrett den Teig ausrollen. Die Springform mit eingefettetem Pergamentpapier auslegen, den Teig aufs Blech geben und einen Teigstreifen als Rand hochdrücken.
Die Zwiebelmasse gleichmäßig auf dem Teig ver-

teilen. Sahne, Joghurt, Eier, Gewürze und Stärke miteinander verquirlen und langsam über den Zwiebelbelag verteilen.
Im vorgeheizten Backofen auf der untersten Schiene 30 Minuten bei 250° C backen.
Zum frischen Wein schmeckt er am besten!

Pissaladière Niçoise

Zwiebelkuchen, ganz mittelmeerisch

Für den Teig: 200 g Mehl, 90 g Butter, etwas Salz, 7 Eßlöffel Wasser, Butter für die Form
Für den Belag: 750 g Zwiebeln, 4 Eßlöffel Öl, 1 Bouquet garni (Petersilie, Thymianzweig, Lorbeerblatt), Salz, schwarzer Pfeffer aus der Mühle, 2 Knoblauchzehen, Sardellenfilets (gut 20 Stück), schwarze Oliven, Öl zum Beträufeln

Aus Mehl, Butter, Salz und Wasser wird rasch ein geschmeidiger Teig geknetet. 15 Minuten im Kühlschrank ruhen lassen, dann den Teig ausrollen und die gebutterte Form damit auslegen. Zwiebelwürfel (je feiner, desto besser) in Öl mit dem Bouquet garni, Salz und Pfeffer 45 Minuten sanft köcheln. Die Zwiebelwürfelchen müssen verkocht und goldgelb sein. Nach 20 Minuten werden die Knoblauchzehen in den Zwiebelsud gepreßt. Zwiebelmasse abkühlen lassen, Bouquet garni entfernen. Jetzt den Belag auf dem Teig verteilen und glatt streichen. Aus den Sardellenfilets ein „Gitter" über die Zwiebelmasse legen. Schwarze Oliven (die Menge richtet sich nach dem persönlichen Geschmack) verteilen, mit Öl beträufeln und bei 200° C im vorgeheizten Ofen 20 Minuten backen.

Speckzwiebeln auf Blätterteig

1 Paket tiefgekühlter Blätterteig (300 g), 750 g Zwiebeln, 250 g durchwachsener Speck, 50 g Butter, 3 Eier, ¼ l saure Sahne, 1 Teelöffel gehackter Kümmel, Salz, Mehl zum Ausrollen

Den Speck in feine Würfelchen und die Zwiebeln in feine Ringe schneiden, dann mit der Butter in einer Pfanne langsam glasig schmoren.
Den aufgetauten Blätterteig auf der bemehlten Arbeitsfläche ½ cm dick ausrollen. Die Springform mit kaltem Wasser ausspülen, Boden und Rand mit dem Teig auslegen. Teigboden mit einer Gabel mehrmals einstechen.
Den Zwiebel-Speck-Belag nach dem Abkühlen auf dem Teig verteilen und glatt streichen. Eier mit Sahne, Kümmel und Salz verquirlen und langsam über die Zwiebelmasse gießen. Im vorgeheizten Ofen auf der mittleren Schiene bei 220° C 40 Minuten backen.

Zwiebeltorte im Weißkohlbett

Für den Tortenboden: 10 große Weißkohlblätter
Für den Belag: 4 große Gemüsezwiebeln, 2 Karotten, 1 Eßlöffel Öl, 1 Ei, 1/10 l Milch, 1 Eßlöffel feingehackter frischer Kerbel, 1 Prise Muskat, Salz und Pfeffer, Butter für die Backform

Kohlblätter in kochendem Wasser 3 Minuten blanchieren, abgießen, mit kaltem Wasser abschrecken und gut abtropfen lassen.
Die Zwiebel- und Karottenscheiben (bitte ganz fein schneiden) in Öl bei sanfter Hitze 20 Minuten dünsten, mit Salz und Pfeffer abschmecken.
Gequirltes Ei mit Milch verrühren, Kerbel dazugeben, mit Salz, Pfeffer und geriebener Muskatnuß würzen. Eine gebutterte Springform mit 5 Kohlblättern auslegen, die Zwiebelmasse darauf verteilen und glatt streichen. Die Ei-Milch-Mischung darübergießen und mit den restlichen Kohlblättern abdecken. Im vorgeheizten Ofen bei 200° C 35 Minuten backen. Während der letzten 10 Minuten die Form mit Alufolie abdecken, damit die Kohlblätter nicht zu braun werden.

Madeira-Zwiebel-Torte

Für den Tortenboden: 250 g Weizenmehl, 125 g Butter, 1 Ei, 1 Eßlöffel Öl, 1 Prise Salz
Für den Belag: 6 dicke Madeira-Gemüsezwiebeln,

3 Eßlöffel Öl, ⅛ l saure Sahne, 3 Eier, 2 Eßlöffel Sherry, je 1 Prise Muskat, Thymian, Nelkenpfeffer, Salz
Für die Garnitur: 6 Scheiben durchwachsener Speck

Mehl, Butter, Ei, Öl und Salz zu einem Mürbeteig verkneten und 30 Minuten ruhen lassen.
Danach auf einem Brett sorgfältig ausrollen und eine gefettete Springform damit auslegen.
Die in dünne Scheiben geschnittenen Madeirazwiebeln auf kleiner Flamme in Öl glasig dünsten, auf einem Sieb abtropfen und auskühlen lassen.
Die saure Sahne mit den Eiern und dem Sherry gut durchquirlen. Langsam die ausgekühlten Zwiebeln unterheben, mit den Gewürzen abschmecken.
Die Masse auf dem Mürbeteig verteilen und glatt streichen.
Die Torte im Backofen bei 220° C 30 Minuten ausbacken. Inzwischen aus den Speckstreifen Röllchen formen (mit Zahnstochern feststecken) und in einer Pfanne goldbraun ausbraten. Die fertige Torte damit verzieren und heiß auf den Tisch bringen.

Salzburger Zwiebelstrudel

Für den Teig: 300 g Mehl, 50 g Butter (oder Schweineschmalz), 1 Ei, 1 Prise Salz, lauwarmes Wasser, Öl
Für die Füllung: 750 g Zwiebeln, 1 Eßlöffel Kümmel, 2 entkernte und gehäutete Tomaten, 2 Bund Petersilie, 2 Eßlöffel Butter, 100 g geriebener Emmentaler, Pfeffer, Salz
Außerdem: ¼ l Milch, ¼ l süße Sahne, Butter für die Form

Mehl, Butter, Ei und Salz unter Zugabe von einigen Eßlöffeln Wasser zu einem zähen, glatten Teig verkneten, den Teig zu einer Kugel formen und leicht mit Öl bestreichen. Etwa 30 Minuten ruhen lassen. Dann mit einem Nudelholz so dünn wie möglich ausrollen.
Zwiebeln, Tomaten, Petersilie fein hacken und auf dem Teig verteilen. Darüber den Kümmel geben sowie kleine Butterflöckchen und den geriebenen Emmentaler. Nach Geschmack noch pfeffern und

salzen. Jetzt den Teig vorsichtig zu einem Strudel zusammenrollen. In eine gefettete Form legen, mit Milch und Sahne begießen und etwa 90 Minuten bei 220° C im Rohr ausbacken.

Sauerländer Zwiebeltaschen

Für den Hefeteig: 250 g Mehl, 15 g Hefe, 1/8 l Milch, 50 g Butter, 2 Eigelb, 1 Prise Salz
Für die Füllung: 200 g Zwiebeln, 150 g magerer Speck, Fett
Außerdem: Fett für das Backblech, 1 Eigelb zum Bestreichen

Das Mehl in einer Schüssel so verteilen, daß in der Mitte eine kleine Mulde entsteht. Die Hefe zerkrümeln und die lauwarme Milch zugießen. Die Prise Salz bitte nicht vergessen. 2 Eigelb darüber und zuletzt die zerlassene Butter dazugeben. Durchkneten, den Teig so lange „schlagen", bis er Blasen wirft und sich von der Schüssel löst. Den Hefeteig gut zugedeckt an warmem Ort 30–60 Minuten aufgehen lassen.
Inzwischen die Zwiebeln und den Speck würfeln, auf kleiner Flamme langsam dünsten. Etwas abkühlen lassen.
Mit einem Glas aus dem ausgerollten Hefeteig Scheiben von ca. 10 cm Durchmesser ausstechen.

Zwiebeln und Speck jeweils auf eine Hälfte der Teigscheiben verteilen, zu Taschen zusammenklappen, am Rand gut zusammendrücken, auf ein gefettetes Backblech legen und nochmals etwas aufgehen lassen. Dann mit Eigelb überstreichen und bei mittlerer Hitze backen.
Schmeckt ganz lecker zum kühlen Bier!

Zwiebelplätzchen

4 mittelgroße Zwiebeln, 4 Eßlöffel Mehl, 3 Eier, 100 g geriebener Gouda, 3 Eßlöffel saure Sahne, Salz, frischer schwarzer Pfeffer aus der Mühle, Butter zum Backen

Die Zwiebeln fein hacken, leicht salzen, gut pfeffern und mit Mehl bestäuben. Eier, geriebener Käse und saure Sahne unterheben, alles gut miteinander verrühren.
Butter in der Pfanne erhitzen. Mit einem Teelöffel die Masse in die Butter setzen und goldgelb ausbacken – eine herzhafte Knabberei!

„Knolleffekte mit Biß."

Nur keine Angst vor gefüllten Zwiebeln, denn die „Sache mit dem Loch" ist ganz einfach!
So „lochen" Sie die Zwiebel, praktisch und schnell: Die Zwiebeln werden in kochendem Salzwasser 15 Minuten lang gegart. Doch aufpassen, damit sie nicht zu weich werden und auseinanderfallen.
Die Knolle muß also unbedingt noch „Biß" haben.

Mit einem spitzen Messer schneidet man jetzt vorsichtig die Oberseite der Zwiebel an und hebt die inneren Schalen langsam mit einem Löffelchen heraus!
Und nun viel Spaß bei den delikaten Füllungen!

**Auf das Unrecht,
da folgt das Übel,
wie die Trän'
auf den herben Zwiebel ...!**
Schiller

Gefüllte Zwiebeln, klassisch

4 dicke Gemüsezwiebeln, 1 altbackenes Brötchen, 125 g fetter Räucherspeck, 1 Ei, 375 g Hackfleisch (halb Rind, halb Schwein), Salz, schwarzer Pfeffer, Muskatnuß, 1 Teelöffel Liebstöckel, 100 g Gouda in Streifen

Die Gemüsezwiebeln schälen, 15 Minuten in siedendem Wasser kochen, abkühlen lassen und aushöhlen. Das Brötchen einweichen und ausdrücken. Gewürfelten Speck in einem großen Topf auslassen. Speckgrieben vorsichtig aus dem Topf heben und mit dem eingeweichten und ausgedrückten Brötchen, dem Ei, Hackfleisch und Liebstöckel sowie den kleingehackten inneren Schalen sorgfältig verkneten. Die Füllung mit Pfeffer, Salz und Muskatnuß abschmecken.
Die ausgehöhlten Zwiebeln mit dem Fleischteig füllen und bei mittlerer Hitze 10 Minuten im Speckfett anbraten. Jetzt den Deckel auf den Topf legen und die gefüllten Zwiebeln bei kleiner Hitze – unter Zugabe einer Tasse Wasser – 60 Minuten garen lassen! Danach die Käsestreifen über die Zwiebeln legen und im Backofen noch etwa 10 Minuten bei Oberhitze überbacken, bis der Käse sich satt auf den Zwiebeln verteilt hat.

Gefüllte Zwiebeln – ganz „käsig"

4 dicke Zwiebeln, 60 g geriebener Käse, 2 Eßlöffel frische Semmelbrösel, Salz und Pfeffer, Butterflöckchen, Butter für die Form

Die Zwiebeln kochen und wie beschrieben für die Füllung vorbereiten. Die inneren Schalen klein hacken, mit den Semmelbröseln und 30 g Käse vermischen. Mit Salz und Pfeffer abschmecken. Die Zwiebeln mit dieser Masse füllen, in eine gefettete feuerfeste Form setzen, die Butterflöckchen verteilen und mit dem restlichen Käse bestreuen. Bei 200° C im Backofen überbacken, bis die Zwiebeln gebräunt sind.
Ein Schuß Tomatensauce vor dem Servieren gibt den Zwiebeln den letzten Pfiff!

Gefüllte Zwiebeln mit Spinat

Pro Person 2 dicke Gemüsezwiebeln, 800 g Spinat, 2 Eigelb, 2 Eßlöffel Sardellenbutter, 1 Eßlöffel Butter, 1/4 l Fleischbrühe, Salz, Pfeffer, frischer Rahm

Zwiebeln wie beschrieben im Salzwasser dämpfen und aushöhlen. Der Spinat wird sorgfältig verlesen, gewaschen, in Salzwasser abgekocht und fein gewiegt. Dann wird er mit Eigelb und Sardellenbutter verrührt und in die Zwiebeln gefüllt.
Man stellt die Zwiebeln in eine flache Kasserolle, gibt Fleischbrühe und Butter dazu und dämpft sie langsam weich.
Jetzt werden die Zwiebeln aus dem Sud herausgehoben, der dann, je nach Flüssigkeitsmenge, durch Einkochen reduziert wird. Den Rahm unterrühren, mit Pfeffer und Salz abschmecken.
Schmeckt ganz lecker zu Hammel- oder Schweinebraten.

Gefüllte Zwiebeln à la Juive

4 dicke Gemüsezwiebeln, 20 g Gänseschmalz, 400 g blanchierter Grünkohl, Muskatnuß, Salz, weißer Pfeffer aus der Mühle, Butter und Gänseschmalz für die Form, 20 g Semmelbrösel

Das Gänseschmalz im Topf erhitzen. Den abgetropften, feingehackten Grünkohl darin bei milder Hitze 60 Minuten dünsten, mit Salz, Pfeffer und geriebener Muskatnuß abschmecken.
Die Zwiebeln im Salzwasser 20 Minuten kochen, mit einem Schaumlöffel herausheben und abkühlen lassen. Von jeder Zwiebel vorsichtig mit einem scharfen Messer einen Deckel abschneiden. Die Zwiebeln aushöhlen, Deckel und innere Schalen fein hacken und zum Grünkohl geben. Die Zwiebeln mit dem Grünkohl füllen.
Eine feuerfeste Form ausbuttern, die Zwiebeln einlegen und mit Semmelbröseln bestreuen. Darauf Gänseschmalz in Flocken verteilen und im vorgeheizten Ofen bei 200° C gut 15 Minuten überbacken.
Lecker dazu schmecken kleine gebratene Kartoffeln.

„Sonnenkind, immer in Schale."

Mit allen anderen Gemüsesorten kann die Zwiebel leicht konkurrieren, ist vielen sogar an Vitaminen haushoch überlegen. Selbst im Winter immer zur Hand und preiswert auf dem Markt, können Koch und Köchin jederzeit zugreifen, denn Zwiebeln als Gemüse, zu Fleisch gereicht und zum Fisch serviert, sind eine willkommene Abwechslung auf jedem Tisch!

Frühlingszwiebeln mit Speck

Pro Person 3 Frühlingszwiebeln, Butter, Knoblauch, geräucherter, fein durchwachsener Speck, Crème fraîche

Äußere Schale der Knollen – falls nötig – abziehen. Die Frühlingszwiebeln mitsamt Lauch in dünne Scheiben schneiden. 2 bis 3 Minuten blanchieren. In einem Topf mit Butter und gehacktem Knoblauch weich köcheln. Inzwischen in einer Pfanne den gewürfelten Speck ausbraten. Crème fraîche und Speckwürfel über die Frühlingszwiebeln geben.
Eine deftige Gemüsebeilage zu vielen Gerichten.

Zwiebeltopf

750 g kleine Zwiebeln, 125 g durchwachsener Räucherspeck, 500 g Knoblauchwurst, ¼ l Fleischbrühe, ½ Tasse Weißwein, 1 Lorbeerblatt, 1 Teelöffel Zucker, schwarzer Pfeffer aus der Mühle, Salz

Zunächst werden die Zwiebeln geschält und gewaschen. Den Speck in feine Würfel schneiden und in einer mittelgroßen Kasserolle bei kleiner Hitze unter ständigem Rühren 3 Minuten auslassen. Zwiebeln dazugeben und Farbe annehmen lassen. Zehn Minuten darf's schon dauern, dann mit dem Wein ablöschen. Jetzt kommt die Brühe sowie das Lorbeerblatt dazu. Abschmecken mit Zucker, Pfeffer, Salz, den Deckel auflegen und bei niedriger Temperatur 20 Minuten köcheln lassen. Kurz vor dem Servieren wird die Knoblauchwurst in Würfel geschnitten und zu den Zwiebeln in den Topf gegeben. Den Zwiebeltopf jetzt noch einmal gut 5 Minuten ziehen lassen.
Wer den Zwiebeltopf zu Pellkartoffeln serviert, darf sicher sein, daß die Liebe wirklich durch den Magen geht!

Zwiebelgemüse

1 kg Gemüsezwiebeln, 30 g Butter, 1 Knoblauchzehe, 1 Teelöffel Zucker, Salz, ¼ l Fleischbrühe, ⅛ l süße Sahne, 1 Eigelb, 2 Eßlöffel Speisestärke, 1 Bund Kerbel

Die Zwiebeln grob schneiden und in der Butter dünsten. Die Knoblauchzehe pressen, zugeben, die Brühe aufgießen, mit Zucker und Salz abschmecken und zugedeckt 30 Minuten garen. Sahne und Eigelb mit der Speisestärke verquirlen, in das Zwiebelgemüse einrühren, aufkochen lassen und die gehackten Kräuter untermischen. Schmeckt lecker zu Speckpfannkuchen, zu Rindfleisch und Schweinebraten.

Schweizer Gratin

500 g festkochende Kartoffeln, 500 g Gemüsezwiebeln, Salz, grüner Pfeffer, ¼ l Milch, ⅛ l Sahne, 150 g geriebener Gruyère (Greyerzer), 25 g Butter

Die Kartoffeln schälen und in hauchdünne Scheiben hobeln, Zwiebeln in dünne Ringe schneiden. Eine nicht zu hohe feuerfeste Form wird ausgebuttert, lagenweise Kartoffelscheiben und Zwiebelringe aufeinandergeschichtet; jede Lage wird vorsichtig mit Salz und vorher zerdrückten grünen Pfefferkörnern gewürzt. Nun so viel Milch an die Mischung gießen, daß sie fast bedeckt ist. Ganz langsam und sorgfältig wird die Form auf dem Herd zum Kochen gebracht. Ungemein praktisch ist in diesem Falle eine Asbestplatte, die auf die Kochplatte gelegt wird, denn so brennt die Milch auf keinen Fall an. In der Zwischenzeit wurde der Backofen auf 200° C vorgeheizt. Hinein mit der Form und etwa 60 Minuten garen. Bewaffnen Sie sich nach den 60 Minuten mit Handschuhen und holen Sie die heiße Form aus dem Backofen. Die Milch sollte jetzt voll aufgesogen sein. Doch erst die Sahne, die jetzt langsam über die duftende Masse gegossen wird, rundet den Geschmack ab. Damit's noch delikater wird, den

Gratin mit dem geriebenen Käse bestreuen, mit Butterflöckchen dicht belegen und bei erhöhter Hitze (225° C) noch 15 Minuten im Backofen gratinieren, bis Kartoffeln und Zwiebeln knusprig sind, wundervoll duftend und goldbraun.

Zwiebelfisch im Römertopf

750 g Seelachs- oder Goldbarschfilet, Saft von 1 Zitrone, 4 festfleischige Tomaten, 2 Bund Frühlingszwiebeln (das sind die mit dem Röhren-Laub!), je 2 Eßlöffel gehackte Petersilie und Schnittlauch, Salz, Pfeffer, 150 g geriebener Käse (Parmesan und Emmentaler zu gleichen Teilen), 20 g Butter, 1 Eßlöffel Crème fraîche

Das Fischfilet kalt abspülen, mit Zitronensaft säuern und ziehen lassen. Inzwischen die Tomaten überbrühen und enthäuten, in Stücke schneiden und abtropfen lassen. Von den gewaschenen Frühlingszwiebeln nur die äußere Haut und den Ansatz entfernen, dann mitsamt dem unteren, frischen Laub in Ringe schneiden. Zwiebeln, Tomaten, Petersilie und Schnittlauch mischen und eine Lage in den vorher gewässerten Römertopf geben. Salzen und pfeffern. Fischfilet darauflegen und mit dem restlichen Gemüse bedecken. Je nach Geschmack noch einmal nachwürzen (aber bitte mit Gefühl, wenn's schon sein muß). Jetzt den Reibkäse darüberstreuen und mit Butterflöckchen belegen (muß nicht sein, schmeckt aber viel besser). In den kalten Ofen schieben und bei 200° C 30 Minuten garen. Die Fischstücke vorsichtig herausheben und das Gemüse mit Crème fraîche verrühren. Die Gemüsesauce extra zu den Fischen reichen. Statt Crème fraîche kann man auch Sauerrahm nehmen.

Sahnezwiebeln

500 g Zwiebeln, 50 g Butter, Salz, weißer Pfeffer, Thymian, ¼ l süße Sahne, 150 g alter Gouda, 4 Scheiben Weißbrot

Die Zwiebeln in dünne Ringe schneiden und in 30 g Butter in der Pfanne glasig werden lassen. Salzen, pfeffern und mit Thymian würzen. Backofen auf 180° C vorheizen.
Die Zwiebelringe in vier kleine feuerfeste Formen verteilen. Die Sahne leicht salzen, über die Zwiebeln gießen, bis sie bedeckt sind. Gouda raspeln und grob damit die Zwiebelringe abdecken. Die Weißbrotscheiben würfeln und auf den Käse geben, restliche Butter darauf in Flöckchen verteilen.
Im heißen Backofen 30 Minuten überbacken.

Frühlingszwiebeln in Apfelwein

1 kg Frühlingszwiebeln, 250 g geräucherter durchwachsener Speck, Salz, Pfeffer, Apfelwein, 1 Bund Petersilie

Die Frühlingszwiebeln halbieren. Den gewürfelten Speck in der Pfanne auf kleiner Flamme auslassen. Grieben mit dem Schaumlöffel herausheben.
Die Zwiebeln in dem Speckfett vorsichtig dünsten, würzen und so viel Apfelwein zugießen, daß sie bis zum Bauch in Flüssigkeit liegen. Langsam köcheln lassen. Frühlingszwiebeln sind schneller gar!
Herausheben und auf einem Teller deponieren.
Den Sud kräftig einkochen, dann die Frühlingszwiebeln wieder hineinheben und heiß halten. Vor dem Servieren mit den Grieben und feingehackter Petersilie bestreuen.

Lesco

Jugoslawische Küche

500 g Zwiebeln, 250 g Tomaten, 250 g grüne Paprikaschoten, 50 g Schweineschmalz, 50 g fetter

Speck, 2 Knoblauchzehen, Paprika (edelsüß), Salz, Pfeffer, 4 Eßlöffel saure Sahne, Zucker

Zwiebeln und Speck fein würfeln und im Schweineschmalz goldgelb dünsten. Enthäutete Tomaten dazugeben, dann die Paprikawürfelchen und die zerdrückten Knoblauchzehen. Auf kleiner Flamme alles dick einkochen. Mit Paprika, Salz und Pfeffer würzen. Vom Feuer nehmen und die saure Sahne vorsichtig unterheben. Nochmals mit wenig Zucker abschmecken.
Heiß halten, zu gegrilltem Fleisch oder zu Reis servieren.

Zwiebelgemüse „Hellas"

8 dicke, milde Gemüsezwiebeln, 6 Eßlöffel Olivenöl, ¼ l Wasser, ¼ l Weißwein, 1 Teelöffel Thymian, 1 Teelöffel Zucker, 1 frischer Zweig Liebstöckel, 1 Teelöffel Kerbel, 1 kleiner Zweig Rosmarin, 2 feingehackte Knoblauchzehen, je eine Prise Koriander, Salz, Chilipfeffer, 1 Handvoll Rosinen, 1 Teelöffel Mehl

Die grobgewürfelten Zwiebeln im Olivenöl goldgelb dünsten. Gewürze einstreuen und langsam köcheln lassen, mit Wasser und Weißwein ablöschen. Rosinen dazugeben und weiter auf kleiner Flamme einkochen, bis die Flüssigkeit fast verkocht ist. Die Zwiebelmasse mit Mehl abstäuben und noch einmal aufkochen lassen.
Heiß zu Lammfleisch servieren!

Österreichisches Zwiebelfleisch

500 g Gemüsezwiebeln, 100 g Schweineschmalz, Essig, 750 g Rindfleisch (blättrig geschnitten von Rose, Schulter oder Zapfen), Salz, Pfeffer, Knoblauch, Lorbeerblatt, Thymian, Mehl

Die grobgehackten Zwiebeln werden auf kleiner Flamme in dem Schweinefett goldgelb geröstet,

sodann mit einem tüchtigen Spritzer Essig abgeschreckt. Jetzt das Rindfleisch dazugeben, mit Salz, Pfeffer, Knoblauch, Lorbeer und Thymian abschmecken.
Zugedeckt im eigenen Saft langsam dünsten lassen und nur ab und zu wenig Wasser nachgießen.
Erst wenn das Fleisch fast weich und schön eingedünstet ist, mit 1 Eßlöffel Mehl abstäuben. Gut verrühren und gerade so viel Wasser aufgießen, daß eine mollige Sauce entsteht, in der das Fleisch vollends weich dünstet.

Gebackene Zwiebelscheiben

2 dicke Gemüsezwiebeln, Mehl, Butter, Bratenjus, Salz, Zucker, Pfeffer, 1 Eßlöffel Essig

Die Gemüsezwiebeln schälen und vorsichtig in dicke Scheiben schneiden. Aufpassen, daß sie nicht auseinanderfallen! Die Scheiben in Mehl wenden und in einer Pfanne mit Butter auf beiden Seiten braun backen. Den Bratenjus hinzufügen, mit Salz, Zucker, Pfeffer und Essig abschmecken. Langsam die Sauce köcheln lassen.
Deftige Ergänzung zu gebratenem Kabeljau oder Goldbarsch. Mit frischem grünen Salat servieren!

Gedämpfte Zwiebeln

500 g kleine Zwiebeln, 1/4 l kräftige Fleischbrühe, 2 Eßlöffel Butter, 1 Prise Salz, Pfeffer, Zucker, Muskatblüte, 2 Eßlöffel gestoßener Zwieback, Saft von 1/2 Zitrone

Die Zwiebeln schälen und in der Fleischbrühe weich kochen. Die Butter dazugeben, mit Salz, Pfeffer, Zucker und Muskatblüte abschmecken.
Den Sud mit dem gestoßenen Zwieback binden.
Der Zitronensaft gibt den letzten Pfiff!
Leckere Beilage zu Frikadellen und Pellkartoffeln.

„Scharfe Jungfer, ganz sanft."

Wem unser scharfes Früchtchen – roh genossen – zu ordinär und penetrant erscheint, dem zeigt sich die Zwiebel von ihrer milden, sanften und bekömmlichen Seite, wird sie zu Saucen und Pürées verarbeitet. Vorzüglich mundet sie selbst zu Fischgerichten, doch geradezu ideal rundet sie jedes Rind- oder Schweinefleischgericht ab. Gekochtes Rindfleisch und Zwiebelsauce ist auch heute noch fester Bestandteil eines jeden traditionellen westfälischen Hochzeitsessens.

I. Saucen

Zwiebel-Soos

(aus einem Augsburger Kochbuch von 1793)

Schneide 2 bis 3 recht große Zwiebeln den langen Weg so dünne als möglich; tu sie in einen Fußhafen. Gieß ein Seidlein heiße Fleischbrühe daran; tu ein Stückchen Butter, eines halben Hühnereies groß, ein wenig Pfeffer, und 2 kleine Hände voll Semmelmehl dazu; laß diese Soose auf Kohlen oder im Öfelein so lange kochen, bis die Zwiebeln weich sind, und gib sie statt Meerrettich zu gesottenem Rindfleisch auf den Tisch.

Französische Sauce

(nach altem Rezept)

Drei Chalotten, ein Stückchen Knoblauch, ein Lorbeerblatt, etwas Basilikum und Majoran werden fein gehackt und in einer hellbräunlichen Mehlschwitze einige Minuten durchgeröstet, worauf man 3/8 Liter sehr kräftige Fleischbrühe hinzugießt, damit verkocht, durchseiht und mit etwas Zitronensaft abschärft; man gibt diese Sauce namentlich zu Kalb-Koteletten.

Alt-Wiener Zwiebelsauce

(nach Großmutters Rezept)

3 Löffel voll gestoßenem Zucker werden in heißem Fett so anpassiert, bis der Zucker zu schwimmen anfängt, dann 1 großes, abgeschältes, fein geschnittenes Häuptel spanische Zwiebeln hineingeben und etwas abgeröstet. Hat man diesem einige Löffel voll Mehl beigegeben und etwas abgeröstet, so wird davon mit Suppe und etwas Essig eine Sauce abgerührt, gut verkocht und passiert, 2 Eßlöffel voll gestoßener Zucker und etwas Salz dazugegeben und so noch einmal verkocht.

Weiße Zwiebelsauce

6 dicke Gemüsezwiebeln, 2 Eßlöffel Butter, 1 Eßlöffel Mehl, 1/2 l Fleischbrühe, Zucker, Salz, Muskat, Pfeffer, 2 Eßlöffel trockener Weißwein, 1 Eidotter, 2 Eßlöffel saurer Rahm, 1 Teelöffel Essig

Mehl in der zerlassenen Butter kurz durchschwitzen lassen, langsam mit der Fleischbrühe auffüllen. Mit Zucker, Salz, Muskat, Pfeffer abschmecken und weiter gut köcheln lassen.
Die Zwiebeln fein würfeln und in die Sauce geben. Man schmeckt mit Weißwein ab und läßt den Sud gut durchkochen, bis auch die Zwiebelstückchen weich und fast verkocht sind. Vom Feuer nehmen, warm halten und das verquirlte Eigelb unter die Sauce rühren. Zum Schluß (die Sauce darf jetzt nicht mehr köcheln) den sauren Rahm unterheben und mit dem Essig abschmecken.
Lecker zu Kalbfleisch.

Curry-Variante: Statt Weißwein nimmt man Milch, schmeckt die Sauce mit reichlich Curry ab und gibt

zum Schluß feingeschnittenen, frischen Schnittlauch über die weiße Zwiebelsauce.
Ideal zu gekochtem Rindfleisch.

Braune Zwiebelsauce

6 Gemüsezwiebeln, 2 Eßlöffel Schmalz, 2 Teelöffel Zucker, 1 Eßlöffel Mehl, 1 Teelöffel Essig, Salz, Pfeffer, Muskat, ½ l Fleischbrühe

Schmalz mit Zucker auf mittlerer Flamme anbräunen. Feingewürfelte Zwiebeln zugeben und anrösten, mit Mehl abstauben, mit Essig, Salz, Pfeffer, Muskat abschmecken. Mit der Fleischbrühe aufgießen. Die Zwiebelwürfelchen in dem Sud weich kochen. Mit dem Mixer passieren und kurz vor dem Servieren noch einmal leicht aufkochen lassen.
Guter Begleiter zu Schweinebraten.

Zwiebelsauce mit Champignons

3 dicke Gemüsezwiebeln, 250 g Champignons, 150 g roher Schinken (es darf auch gekochter sein), 2 Eßlöffel Butter, 2 Teelöffel Tomatenmark, 3 Wacholderbeeren, je eine Prise Majoran, Rosmarin und Thymian, 1 „Schluck" helles Bier, Salz

Feingehackte Zwiebeln in der Butter goldgelb dünsten, die in Scheiben geschnittenen Champignons dazugeben und leicht köcheln lassen, mit Tomatenmark und den Gewürzen abschmecken. Mit hellem Bier ablöschen und auf kleiner Flamme weiter köcheln lassen. Den feingewürfelten Schinken dazugeben, weiter köcheln lassen und (je nach Geschmack) noch etwas Bier hinzufügen. Zuletzt mit Salz abschmecken.
Vorzugsweise zu Geflügel.

Zwiebelsauce, ganz sahnig

3 Gemüsezwiebeln, 2 Knoblauchzehen, 3 Eßlöffel Butter, 1 Eßlöffel Mehl, ¼ l Rotwein, ¼ l Fleischbrühe, Salz, Pfeffer (weiß), Nelkenpfeffer, 1 Teelöffel Essig, Zucker, ¼ l süße Sahne

Feingewürfelte Zwiebeln und zerdrückte Knoblauchzehen in 2 Eßlöffeln Butter goldgelb dünsten. Mit der Hälfte des Rotweins (⅛ l) ablöschen. Langsam köcheln lassen, bis die Flüssigkeit auf die Hälfte eingekocht ist. Die Zwiebelmasse durch ein Sieb streichen.
In einer zweiten Kasserolle 1 Eßlöffel Butter schmelzen, mit Mehl abstäuben und dunkelbraun rösten, mit dem restlichen Rotwein glatt verrühren. Die Zwiebelmasse dazugeben und mit der heißen Fleischbrühe auffüllen. Gut verrühren und weiter köcheln lassen! Mit den Gewürzen abschmecken, mit Essig und Zucker abrunden. Die süße Sahne steif schlagen, die Kasserolle vom Herd nehmen und die Sahne sachte unter die Zwiebelmasse ziehen!
Vollendet den zarten Lammbraten.

Russische Zwiebelsauce

2 mittelgroße Zwiebeln, 1 gekochte Rote Rübe, 1 Teelöffel geriebener Meerrettich, 1 Eßlöffel Butter, 1 ½ Eßlöffel scharfer Senf, 1 Teelöffel Essig, 1 Lorbeerblatt, 6 Wacholderbeeren, 1 Teelöffel Kümmelkörner, Zucker, Salz

Feingehackte Zwiebeln in der Butter braun anrösten und mit etwas Wasser ablöschen. Rote Rübe fein reiben und dazugeben, ebenso die Gewürze. Die Sauce langsam köcheln lassen, bis die Zwiebeln weich und fast verkocht sind. Lorbeerblatt und Wacholderbeeren herausnehmen. Die Sauce durch ein Sieb streichen, noch einmal zehn Minuten köcheln lassen und zu Wildgerichten servieren.

Zwiebelsauce mit Pfefferkuchen

Ideal für's Weihnachtsmenü.

3 mittelgroße Zwiebeln, 50 g Pfefferkuchen (die Zuckerkruste darf ruhig noch drauf sein), 100 g Gänseschmalz, 1 Eßlöffel Mehl, ⅛ l Fleischbrühe, ⅜ l Malzbier, 1 Karotte, 1 Scheibe Sellerie, 1 Stückchen Petersilienwurzel, 1 Lorbeerblatt, 1 Prise Nelkenpfeffer, 1 Teelöffel Essig, Zucker, weißer Pfeffer, Salz

Mehl im Gänseschmalz dunkelbraun rösten. Brühe und Bier unter ständigem Rühren langsam dazugeben. Die gewürfelten Zwiebeln, den geriebenen Pfefferkuchen, die kleingehackte Petersilienwurzel, sowie Karotte, Sellerie, Nelkenpfeffer und Lorbeerblatt in den Sud geben. Auf kleiner Flamme 45 Minuten langsam köcheln lassen. Lorbeerblatt herausnehmen und die Sauce fein passieren.
Mit Essig, Zucker, Pfeffer und Salz abschmecken. Gibt der Gans den letzten Pfiff!

Westfälische Zwiebelsauce

Kein westfälisches Festessen wird ohne Rindfleisch mit Zwiebelsauce, mit Kartoffelsalat und eingelegten Gurken serviert! Als Vorspeise, vor Schweinebraten mit feinen Gemüsen gereicht, stimmt es den Magen auf den deftig-festlichen Genuß ein. Traditionell runden Welfen- oder Weincreme das Festessen ab.
Doch die Vorspeise allein ist schon ein köstliches Hauptgericht!

Für die Suppe: 1 kg Rindfleisch (ideal ist das Nackenstück), 2 Lorbeerblätter, 6 Wacholderbeeren, 10 Pfefferkörner, Salz
Für die Sauce: 6 dicke Gemüsezwiebeln, ½ l Rindfleischbrühe, 2 Teelöffel Zucker, 1 Teelöffel Essig, Salz, 1 Teelöffel scharfer Senf, 1 Eßlöffel Mehl

Für die Suppe das Rindfleisch in kochendes Wasser geben; das Stück muß bedeckt sein. Mit Lorbeer, Wacholder, Pfeffer gut mürbe kochen, mit Salz abschmecken.
Inzwischen die Zwiebeln in feine Ringe schneiden. Mit Rindfleischbrühe bedeckt, werden sie glasig gekocht. Mit Zucker, Salz, Essig und dem Senf abschmecken und noch einmal leicht aufkochen lassen. Mehl in einer Tasse mit kaltem Wasser anrühren und die Zwiebelsauce damit andicken. Auf kleiner Flamme sanft weiter köcheln lassen, bis die Zwiebelringe weich und fast verkocht sind. Eventuell die Sauce noch einmal mit Senf, Zucker und Essig abschmecken. Kein Gewürz darf dominieren, der Geschmack muß sich harmonisch zwischen süß und sauer bewegen.
Heiße Rindfleischstücke auf vorgewärmten Tellern mit dem Kartoffelsalat und den Gurken servieren. Mit der Zwiebelsauce das Rindfleisch satt bedecken.
Köstlich dazu mundet trockener Weißwein!

Zwiebelsauce mit Kümmel

4 mittelgroße Zwiebeln, ½ l Fleischbrühe, 1 Eßlöffel Butter, 4 Eßlöffel Semmelbrösel, 2 Eßlöffel Kümmelkörner, Salz

Die Zwiebeln schälen und in feine Scheiben schneiden. Auf schwacher Hitze mit der Butter in einem Schmortopf anrösten. Mit der Fleischbrühe

ablöschen und die Semmelbrösel dazugeben. Zuletzt gibt man noch die Kümmelkörner in die Sauce und schmeckt mit Salz ab. Langsam köcheln lassen, bis die Zwiebelringe weich sind.
Die Sauce paßt gut zu gekochtem Fleisch. Serviert man sie zu Hammelfleisch, wird sie auch mit Hammelfleischbrühe gekocht.

II. Pürées

Zwiebelsauce, schottisch

4 mittelgroße Gemüsezwiebeln, 1 Apfel, 1 Bund Petersilie, 1 Bund Schnittlauch, 1 Eßlöffel Butter, 1 Teelöffel Mehl, ¼ l Milch, 1 Schuß Whisky, Muskat, Pfeffer, Salz

Feingehackte Zwiebeln in Butter goldgelb dünsten, Mehl darüberstäuben und langsam unter Rühren die Milch zugießen. Mit Pfeffer, Salz und Muskat abschmecken und so lange köcheln lassen, bis ein dickliches Mus entsteht. Zum Schluß den Apfel reiben und gut unterheben. Kurz vor dem Servieren einen Schuß schottischen Whisky zufügen und die Sauce reichlich mit Petersilie und Schnittlauch (fein gehackt) dekorieren.

Purée-Mousse d'Oignons

Zwiebelpüree

1 kg Gemüsezwiebeln, 1 l Geflügelbrühe (es darf auch Gemüsebrühe sein), Salz, Pfeffer

Die Zwiebeln schälen, in feine Ringe schneiden und etwa 40 Minuten in der Brühe weich kochen. Mit dem Schaumlöffel aus der Brühe heben, auf einem Sieb gut abtropfen lassen und mit dem Mixer pürieren. Nach Geschmack salzen, pfeffern und auf kleiner Flamme in einem Topf langsam eindicken lassen.

Die Brühe kann anderweitig verwendet werden. Ganz ideal läßt sich daraus eine Gemüsesuppe machen.
Das Zwiebelpüree schmeckt gut zu heißem Rindfleisch.

Schalotten in Sektlaune

4 Schalotten, 2 Eßlöffel Butter, 1 Glas Sekt, 1/4 l süße Sahne, Pfeffer, Salz

Schalotten fein wiegen und in der Butter sachte dünsten. Sie dürfen auf keinen Fall braun werden. Mit Sekt ablöschen und langsam köcheln lassen, bis die Flüssigkeit zur Hälfte eingekocht ist.
Das Zwiebelmus fein passieren und weiter in einem Topf warm halten. Dann die Kasserolle vom Feuer nehmen und langsam die süße Sahne unter ständigem Rühren unter das Zwiebelmus heben. Mit Pfeffer und Salz den Geschmack vorsichtig abrunden.
Zu feinem Kalbfleisch ein idealer Begleiter.

Zwiebelmus „Marie"

2 Gemüsezwiebeln, 2 hartgekochte Eier, 1/2 geriebener Apfel, 1 Eßlöffel gehackte Petersilie, 1 Teelöffel Mehl, 50 g Butter, 1/4 l Fleischbrühe, 1 Teelöffel Essig, 1 Prise Cayennepfeffer, Salz

Mehl in der Butter hellgelb dünsten, mit der Fleischbrühe ablöschen, den Essig zufügen, die feingehackten Zwiebeln in den Sud geben und langsam weich kochen. Mit dem Schneebesen im Topf die Zwiebeln zu feinem Mus zerdrücken. Jetzt die kleingehackten Eier, den Apfel und die Petersilie dazugeben. Mit Salz und einer Prise Cayennepfeffer würzen.
Mit neuen Kartoffeln dazu, kann man das Frühjahr auf der Zunge zergehen lassen.

Frühlingszwiebeln und Kartoffeln

So wird es in Irland serviert!

250 g Frühlingszwiebeln, ½ l Milch, 750 g mehlige Kartoffeln, 90 g Butter, Salz, Pfeffer, Muskat

Frühlingszwiebeln in der Milch bei schwacher Hitze langsam garen. Inzwischen die Kartoffeln schälen, kochen, abgießen und warm stellen.
Die gegarten Zwiebeln im Sieb abtropfen lassen. Die Kartoffeln mit der Milch pürieren, die Hälfte der Butter und die Zwiebeln hinzufügen, mit Salz, Pfeffer und Muskat abschmecken und das Püree schaumig schlagen.
Das Kartoffel-Zwiebelpüree auf heißen Tellern servieren. In die Mitte des Pürees mit dem Löffel eine kleine Vertiefung drücken und mit dem Rest der heißen Butter auffüllen. Püree mit dem Löffel vom Rand her essen und jedesmal aus der Mitte dazu etwas Butter nehmen!

Zwiebelsauce à la Provençale

6 Schalotten, 2 Knoblauchzehen, 2 Eßlöffel Olivenöl, 4 Tomaten, Thymian, Rosmarin, Cayennepfeffer, Salz, 1 Eßlöffel gehackte Petersilie

Feingewiegte Schalotten und zerdrückte Knoblauchzehen in dem Olivenöl goldgelb dünsten. Tomaten enthäuten und fein geschnitten in die Zwiebelmasse geben. Mit Thymian und Rosmarin abschmecken. Die Sauce langsam einkochen lassen, mit Cayennepfeffer und Salz abschmecken. Vor dem Servieren mit gehackter Petersilie bestreuen.
In der Provence serviert man dazu ein köstliches Wildkaninchen.

„Gib der Zwiebel Saures!"

Ja, gib dem scharfen Knöllchen Saures, gib ihm Essig, Sherry, Weißwein! Verwöhne es mit Zucker, Rosinen und säuerlichen Äpfeln! Mach' aus der Zwiebel Chutney, Relish, Marmelade!
Köstliche Delikatessen zu Fondue, Hackbraten und Schweinefleisch!
Tip: Alles kühl lagern!

Marinierte Schalotten

1 kg Schalotten, 50 g Rosinen, 3 kleine, zarte Karotten, 5 Eßlöffel Olivenöl, ¼ l trockener Weißwein, 6 Eßlöffel Zitronensaft, 1 Teelöffel Thymian, je 1 Prise Cayennepfeffer und Salz

Wurzelansatz der Schalotten so großzügig abschneiden, daß sie nicht auseinanderfallen. Schalotten abbrühen und die Schalen entfernen. Die Karotten würfeln und in Öl andünsten, Wein hinzufügen, Schalotten dazugeben. Mit Zitronensaft, Thymian, Cayennepfeffer und Salz abschmecken. Rosinen in den Sud geben, ½ l Wasser zugießen und im geschlossenen Topf die Schalotten 30 Minuten garen.
Abkühlen lassen und vor dem Servieren mindestens 12 Stunden im Kühlschrank ziehen lassen.

Zwiebel-Curry

1 kg Zwiebeln, 1 kg säuerliche Äpfel, 250 g Rosinen, ¾ l Obstessig, 500 g Zucker, 2 Eßlöffel Salz, 2 Eßlöffel Currypulver, 2 Teelöffel Nelkenpulver, 1 Teelöffel Pimentpulver, 1 Prise Cayennepfeffer

Zwiebeln und Äpfel in feine Würfel schneiden. Den Obstessig mit all den Gewürzen einmal aufkochen lassen, Zwiebel- und Apfelstückchen hineinheben und nochmals aufkochen! Jetzt unter Rühren auch die Rosinen dazugeben und alles bei milder Hitze 40 Minuten leicht kochen. Heiß in vorbereitete Gläser abfüllen, mit Einmachcellophan (vorher durch hochprozentigen Rum ziehen) abdecken und Gläser sofort zudrehen!

Zwiebel-Relish

1 kg Zwiebeln, 150 g grüne Paprikaschoten, 300 g rote Paprikaschoten, 3 Eßlöffel Olivenöl, 6 Eßlöffel Weinessig, 3 Teelöffel Salz, ½ Teelöffel gemahlener Piment, je 1 Prise Zucker und Rosenpaprika, frisch gemahlener schwarzer Pfeffer

Zwiebeln und Paprika ganz fein würfeln, in dem heißen Olivenöl andünsten und mit Weinessig aufgießen. Mit den Gewürzen abschmecken und bei leicht geöffnetem Deckel auf kleiner Flamme gut 60 Minuten köcheln lassen. Heiß in saubere Gläser einfüllen, mit Cellophan abdecken und sofort verschließen.

Zwiebel-Boskoop-Chutney

1 kg milde Gemüsezwiebeln, 1 kg säuerliche Äpfel (Boskoop ist ideal), 150 g Rosinen, 350 g Zucker, ¼ l Weinessig, je 1 Teelöffel Kurkuma (Gelbwurz), Ingwerpulver und Piment, je ½ Teelöffel Zimt, Nelkenpulver, Curry, 2 Chilischoten, etwas Salz

Die Zwiebeln schälen und würfeln, mit den geschälten und entkernten, in nicht sehr dünne Scheiben geschnittenen Äpfeln und den Rosinen mischen. In einem großen Topf mit all den übrigen Zutaten gut vermengen und verrühren. Einmal aufkochen, dann bei geringer Hitze ca. 90 Minuten weiter köcheln lassen. Sofort und heiß in saubere Gläser mit Vakuum-Verschluß einfüllen. So verschlossen hält das Chutney über Monate.

Marmelade d'Oignons au Jerez

Zwiebelmarmelade mit Sherry

1 kg Gemüsezwiebeln, 4 Teelöffel Fruchtzucker, 1 Teelöffel Olivenöl, Salz, Pfeffer, 4 Eßlöffel Sherry-Essig

Die Zwiebeln schälen und in möglichst feine Ringe schneiden. In einem großen Schmortopf das Olivenöl erhitzen, Zwiebeln, Fruchtzucker, Salz und Pfeffer hinzufügen. Zugedeckt auf kleiner Flamme langsam köcheln lassen und von Zeit zu Zeit mit einem Holzlöffel umrühren. Nach gut 45 Minuten (halbe Garzeit) den Sherry-Essig zugeben und bei mittlerer Hitze weitere 45 Minuten köcheln lassen. Langsam dickt die Zwiebelmarmelade jetzt ein.

Allerliebste Akteurs,
eßt keine Zwiebeln
und keinen Knoblauch,
denn wir sollen
süßen Odem von uns geben!
Shakespeare: Sommernachtstraum

Dieses Grundrezept kann verfeinert werden, indem man eingeweichtes Trockenobst wie Rosinen, Pflaumen, Aprikosen mitkocht. Das Trockenobst wird der Zwiebelmasse nach halber Garzeit beigefügt.

Matjesfilet auf Pumpernickel

4 Scheiben westfälisches Schwarzbrot (Pumpernickel), Butter, 2 Äpfel, 2 dicke Gemüsezwiebeln, 4 Matjesfilets, 2 hartgekochte Eier, Petersilie

Pumpernickel mit Butter bestreichen, Apfelscheiben dachziegelartig auf das saftige Brot legen, mit Zwiebelringen großzügig abdecken! Darauf jetzt die Matjesfilets legen, mit feinen Zwiebelwürfelchen und feingehacktem Ei bestreuen.

Ist der Matjes fast unter Zwiebel und Ei begraben, wird er noch mit Petersilie garniert.
Getrunken wird dazu unbedingt ein kühles Bier!

Handkäs' mit Musik

2 hessische Handkäse (oder ein beliebiger Sauerrahm-Weichkäse), 1 dicke, milde Zwiebel, 3 Eßlöffel Öl, 1 Eßlöffel Essig, Salz und Pfeffer

Der Handkäse in „reifem" Zustand wird dick mit Zwiebelwürfelchen bestreut und auf einem Teller serviert.
Essig mit Salz und Pfeffer verrühren, bis das Salz aufgelöst ist, dann mit dem Öl verquirlen. Über den Handkäse gießen!
Dazu reicht man eine dicke Scheibe Bauernbrot, reichlich mit Butter bestrichen. Apfelwein rundet das Vergnügen ab. Wohl bekommt's!

Katerfrühstück

4 Rollmöpse, 2 Brötchen, Butter, 1 dicke Gemüsezwiebel, 2 Tomaten

Die Brötchen halbieren und mit Butter bestreichen. Die Tomaten in Scheiben auf die Brötchenhälften schneiden, reichlich mit Zwiebelringen belegen – und obendrauf kommt der Rollmops.

Zwiebeltoast

2 dicke, milde Gemüsezwiebeln, 20 g Butter, 4 Scheiben Weißbrot, 40 g Mayonnaise, 4 Scheiben gekochter Schinken, 2 hartgekochte Eier, 4 Scheiben Emmentaler (Gouda ist auch lecker!), Salz, Pfeffer

Die Zwiebelscheiben in heißer Butter in der Pfanne leicht dünsten und würzen. Die Weißbrotscheiben mit Mayonnaise bestreichen, Zwiebeln darauf verteilen, darüber eine Scheibe gekochter Schinken. Darauf die Eierscheiben schichten und mit Käse abdecken. Im Grill kurz aufbacken, bis der Käse geschmolzen ist.

Ordnung, Fleiß und Sauberkeit bewahren das Haus vor Herzeleid!

NOTIZEN

NOTIZEN

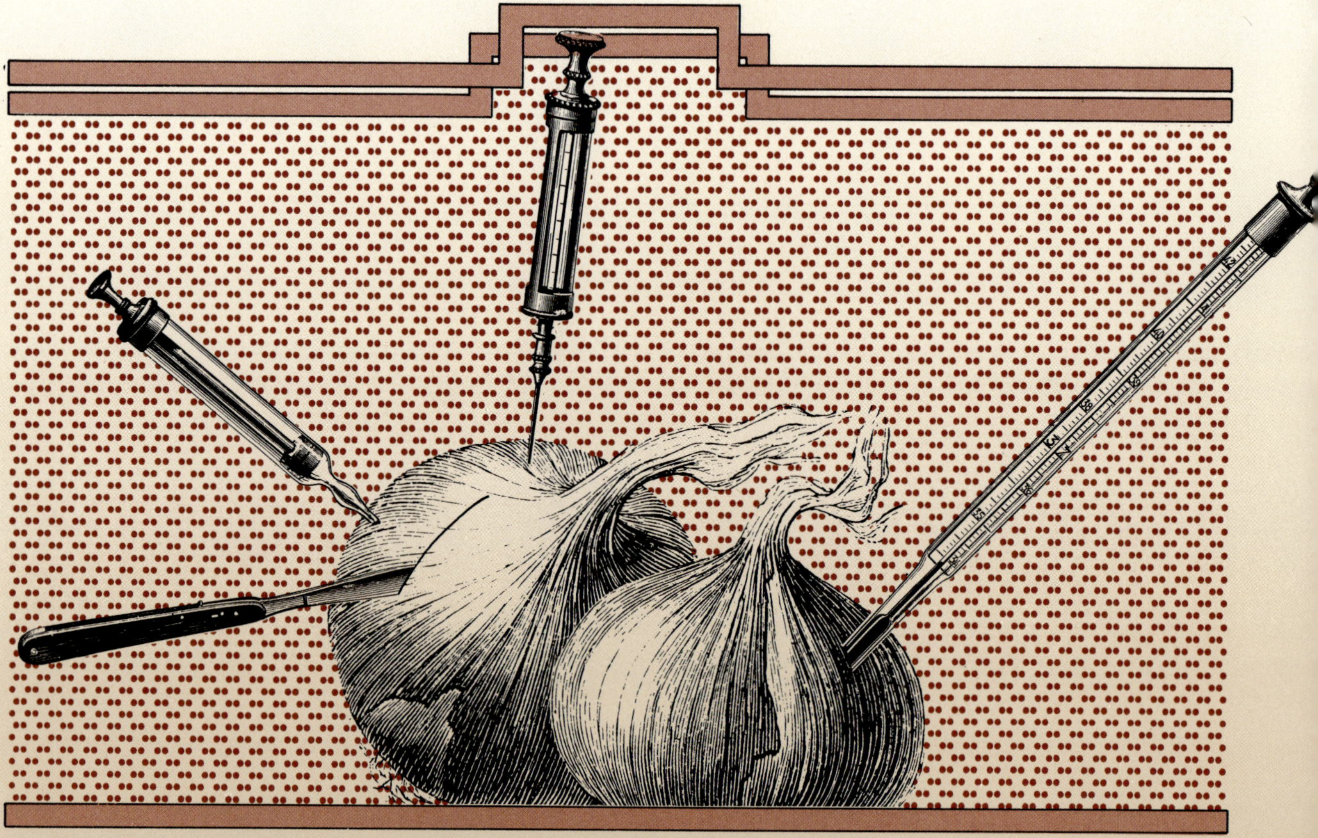

Zwiebeln in der Heilkunde

„Wo die Winde geh'n, braucht kein Doktor steh'n!"

Nachdem wir dem geneigten Leser die Hauptperson dieses Buches unter schmackhaften Gesichtspunkten vorgestellt haben, erinnere er sich auch des freundlich-wohlgemeinten Ratschlages: „Hab' Sonne im Herzen und Zwiebeln im Bauch, dann kannste gut scherzen und Luft haste auch!" Unter der Schale der Speisezwiebel steckt eine geballte Ladung Gesundheit: Wertvolle Eiweißstoffe, Vitamine der Gruppe B und C, Kalium, Calcium, Zink, Phosphor und Eisen. Wer's ganz genau wissen will – auch Kalorien. Doch die Zwiebel zählt zu den „schlanken" Gemüsesorten. 100 g bringen es auf 40 Kalorien (167 Joule).
In alten Kräuterbüchern sagte man der Zwiebel Hunderte von heilkräftigen Wirkungen nach.
So soll die Zwiebel den Magen und das Herz schützen, das Sehvermögen und die Nerven stärken, eine harntreibende und blutzuckersenkende Wirkung haben, das Blut verdünnen und damit die Gefahr von Thrombosen und Infarkten vermindern. Nach Meinung des Sokrates erhöhte der Verzehr von Zwiebeln die Kampfstimmung der griechischen Krieger.
Zwiebeln lassen den Gallensaft besser fließen, halten den Kreislauf in Schwung. Roten Zwiebeln sagen Heilpraktiker die bessere Wirkung nach, und das nicht nur bei Blutarmut. Zwiebeln regen sowohl die Durchblutung der Schleimhäute wie auch die Ausscheidung der Schleimhautdrüsen an. Zwiebeln sind eine Naturapotheke. Von lindernder, heilender Kraft besonders bei Erkältungskrankheiten, Heiserkeit und Entzündungen der Luftwege.
Zwiebeln sind gesund, sie halten fit. Wem's nun bei unseren Zwiebel-Geschichten die Sprache verschlagen sollte, wem's im Halse kratzt oder wer St. Blasius – er schließlich ist es, der ja schon seit Jahrhunderten für diesen Bereich verantwortlich zeichnet – ein wenig auf die Sprünge helfen will, dem seien die folgenden Rezepturen aus Großmutters Hausapotheke wärmstens ans Herz gelegt,

denn Zwiebelsaft und ein paar alte Socken um den Hals sollen schnell so manches Wehwehchen heilen.

Dampfbad und Zwiebel heilen jedes Übel!

Bei Bronchitis, Husten und Heiserkeit sei Zwiebelsirup empfohlen.

Mehrere dicke Zwiebeln werden in Scheiben geschnitten und mit braunem Zucker vermischt. Ca. 12 Stunden ziehen lassen. Den Saft eßlöffelweise mehrmals täglich einnehmen.
Man kann auch eine dicke Zwiebel mit 1/10 l Wasser verreiben. Der ausgepreßte Saft wird mit 150 g braunem Zucker zu Sirup verkocht. Auch – bitteschön – bei Heiserkeit stündlich einzunehmen.

Es schmeckt übrigens viel besser, als man meint: 500 g Zwiebeln fein schneiden, mit Honig und rund 400 g Zucker in 1 l Wasser rund 3 Stunden köcheln lassen. Abkühlen, durchseihen und in Flaschen füllen. Bei Heiserkeit die Flasche im Wasserbad erwärmen und täglich ca. 6 Eßlöffel Zwiebelsirup lauwarm einnehmen.

Auch Pfarrer Kneipp soll schon rohe Zwiebeln, sehr fein gehackt, mit Zucker vermischt, mehrmals täglich teelöffelweise zu sich genommen haben. Schaden kann's wirklich nicht.

Schleimlösend bei Husten ist Zwiebelwein.

500 g feingeschnittene Zwiebeln, 1 l Weißwein (es muß wirklich nicht der beste sein), 150 g Honig

Alles gut umrühren und 48 Stunden ziehen lassen. Morgens, mittags und abends sollte man sich vor dem Essen ein Weinglas voll gönnen.

Roher Zwiebelsaft (aber bitte immer nur frisch verwenden).

Frisch ausgepreßter Zwiebelsaft wird bei hartnäckigem Husten, bei Bronchitis und Erkältungen empfohlen. Er soll Wunder wirken bei Erbrechen, Durchfall und bei Anzeichen von Sonnenstich. Auch Warzen und Frostbeulen sollen verschwinden, wenn sie mit einer halbierten Zwiebel eingerieben werden. Wer daran glaubt, dem hilft's sicherlich.

Gekochte Zwiebeln bei Halsschmerzen.

Die Zwiebelringe werden weich gekocht, in ein Leintuch gelegt und um den Hals gewickelt.

Zwiebeltee wirkt schleimlösend.

In ¼ l Wasser wird 1 Zwiebel (bitte nur die äußere Schale entfernen) bei geringer Hitze rund 10 Minuten gekocht. Den Sud mit Kandiszucker süßen und heiß trinken!

Zwiebelsaft – bewährtes Hausmittel bei rauhem Hals.

Eine dicke Zwiebel wird sorgfältig ausgehöhlt, ohne den Boden zu durchbrechen. Die Zwiebel wird mit Kandiszucker gefüllt. Mit einer dicken Stricknadel jetzt den Zwiebelboden vorsichtig durchstoßen. Man setzt die Zwiebel auf ein kleines Likörglas. Nach einiger Zeit tropft der Zwiebelsaft ins Glas. Gesundheit!

Eine Variante ist der Zwiebel-Runkel-Saft.

Hierbei wird die Runkel (Rübe) ausgehöhlt, mit gehackten Zwiebeln und Kandiszucker gefüllt. Der sich bildende Saft hilft gegen Halsschmerzen.

Zwiebelessenz soll die Arterien frei von Kalk halten.

Wer Geschmack daran findet, sollte es ausprobieren: 3 Zwiebeln werden im Schnitzelwerk püriert, ½ l Branntwein darübergießen und zugedeckt 2 Tage ziehen lassen. Die Flüssigkeit durchseihen, mittags und abends darf man sich in einem Likörgläschen mit Wasser rund 15 Tropfen von der Essenz genehmigen.

Zwiebelpürée soll gut sein gegen Wassersucht.

500 g Zwiebeln pürieren und durch ein Sieb schlagen, 100 g Honig und ½ l Weißwein unterrühren. Davon täglich 6 Eßlöffel über den Tag verteilt oder Zwiebeln mit Honig kochen und in dieser Form essen.

Zwiebelbrei ist angesagt zur äußeren Anwendung bei Wunden, Abzessen, leichten Hautabschürfungen, Entzündungen, Rheuma, Hämorrhoiden und – kaum zu glauben – Haarausfall.
Die Zwiebeln werden püriert und breiig aufgetragen.

Im Frühjahr soll eine Zwiebelkur Wunder wirken.

2 dicke Zwiebeln werden geschnitten und mit Honig gegessen oder als Salat mit Zitrone, Öl und saurer Sahne angemacht.

NO
TI
ZEN

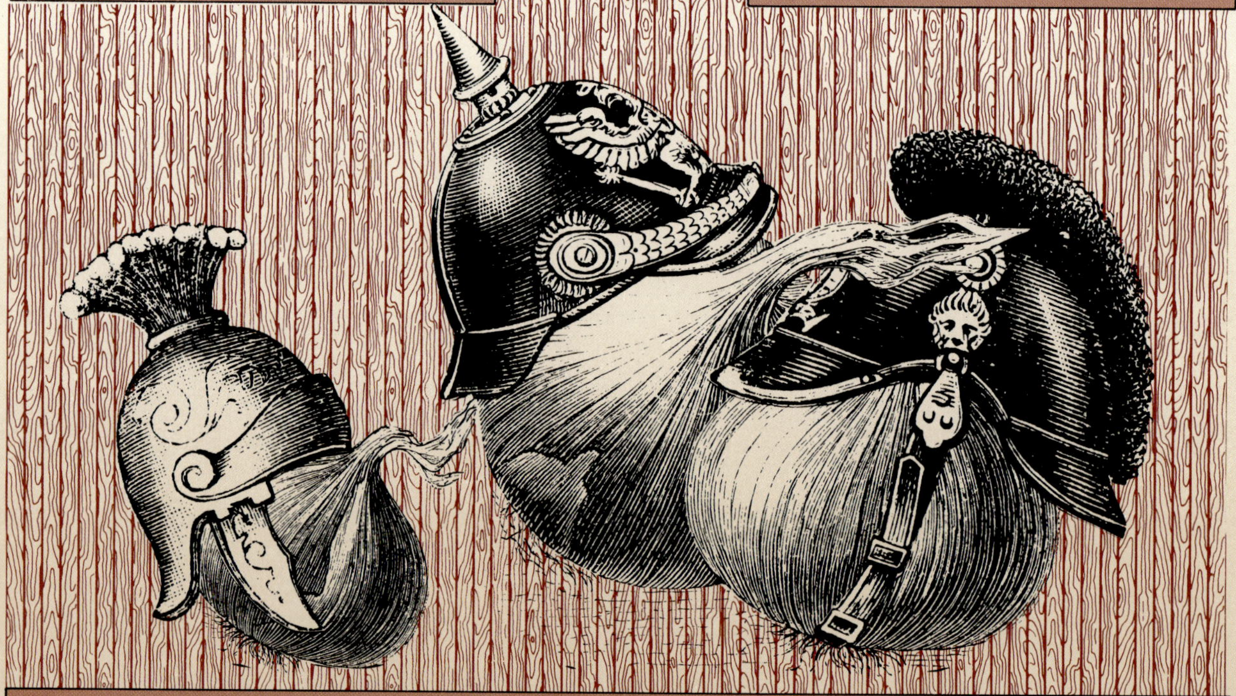

Geschichtliches

„Hart am Wind erobert eine Knolle die Welt.“

Die Zwiebel machte Weltgeschichte. Adam wäre sicherlich standhafter geblieben, hätte Eva ihm eine dicke Gemüsezwiebel unter die Nase gehalten. So entschied sich das Schicksal der Welt an den roten Backen eines knackigen Apfels, und nicht an den trocken knisternden Schalen einer Zwiebel. Doch eines hat die Zwiebel dem Apfel weit voraus: ihr biblisches Alter.
Die Zwiebel, so wissen es die Botaniker, zählt zu den ältesten Gemüsesorten, die der Mensch schon vor rund 5000 Jahren angebaut hat. Der scharfen Knolle Wiege soll in den weiten, unwirtlichen Steppen Asiens gestanden haben. Doch erste glaubhafte Berichte über Anbau und Verzehr von Zwiebeln überliefern alte Wandmalereien und Schriften der Ägypter, Assyrer und Babylonier.
Um 500 v. Chr. verließ der Geschichtsschreiber Herodot Griechenland mit Ziel Ägypten. Im Land der Pharaonen verschlug es ihm angesichts einer riesigen Baustelle den Atem. Schnell griff er zum Griffel und notierte, umringt von neugierigen Bauarbeitern, die anrüchige Geschichte: „Cheopspyramide bald fertig, es stinkt zum Himmel, Sklaven und Ingenieure ernähren sich fast ausschließlich von Zwiebeln, Knoblauch und Rettich. Kosten für Lauchgewächse belaufen sich auf 1 Million Mark (in damaliger Währung 1600 Talente in Silber). Die Zwiebel ist diesem Volk heilig, ägyptische Priester opfern sie den himmlischen Mächten.“ – Wir sehen, reisen bildet!
Das Reisefieber steckte auch den Römern in den Knochen. 40 Jahre nach Christi Geburt machte sich Plinius in wissenschaftlicher Mission auf ins Land der Mumien und Pharaonen. Mit Erstaunen hielt er fest: „Die Ägypter schwören unter Anrufung der Zwiebel und des Knoblauchs! Die antiken ägyptischen Zwiebeln sind von lieblichem, süßen Geschmack. Besonders dem Körper sind sie sehr bekömmlich, sie fördern die Verdauung und setzen die Winde in Bewegung!“ – Eine fürwahr erstaunliche wissenschaftliche Erkenntnis.

Die schmachtenden Kinder Israels sehnten sich in der Wüste nicht nur nach den Fleischtöpfen, sondern auch nach den Zwiebeln und dem Knoblauch Ägyptens zurück: „Wir gedenken der Fische, die wir in Ägypten umsonst aßen, der Kürbisse, des Lauchs, der Zwiebel und des Knoblauchs", so ist's nachzulesen im 4. Buch Moses. Kaum in Palästina seßhaft, pflanzten sie wieder Zwiebeln. Die Römer, bekannt für ihre scharfe Zunge und gute Nase, wußten, aus welcher Richtung der Wind wehte, sie gaben den Juden den nicht gerade schmeichelhaften Spitznamen „foetentes", die Stinkenden.

Feinschmecker waren auch die alten Griechen. Homer, Bestseller-Autor seiner Zeit, hat's überliefert in der „Ilias" und der „Odyssee". So serviert die schönlockige Hekamede den Gästen des aus der Schlacht heimgekehrten Nestor „frischen Honig, Brot, Wein und Zwiebeln, die zum Trunke trefflich munden". Und der weitgereiste Odysseus hat seinen großen Auftritt in einer „glänzenden Tunika, fein wie das Häutchen um die trockene Zwiebel".

Volk, Politiker und Dichter lagen der tollen Knolle im sonnigen Griechenland zu Füßen. Homerisches Gelächter quittierte die Lustspielszenen des Dichters Aristophanes. Er empfahl untreuen Ehemännern, nach dem Schäferstündchen eine Zwiebel zu kauen als Beweis der ehelichen Treue. Untreuen Ehefrauen legte er den gleichen Trick ans Herz. Auch sie sollten gegen Morgen in die Zwiebel beißen, um dem von der Wache heimgekehrten Ehemann ihre Unschuld zu beweisen. – Merke: Traue keinem, dessen Atem nach Zwiebel riecht!

Römer ernährten sich mit Vorliebe von Getreidebrei, Bohnen, Rüben, Knoblauch, Zwiebeln und Wein. Besonders die Zwiebel stand bei ihnen ganz hoch im Kurs. Selbst Namen angesehener Geschlechter wie „Coepione" beziehen sich auf die Zwiebel, „coepa". Doch entschuldigend urteilt Varro, Autor aus dem 1. Jahrhundert v. Chr., über die Eßgewohnheiten seiner Ahnen: „Wohl haben die Worte der Vorfahren nach Zwiebel und Knoblauch geduftet, um so edler ist aber der Hauch ihres Geistes gewesen!"

Ein erklärter Feind der würzigen Knolle war der römische Spötter Horaz. Er ekelte sich vor dem ordinären Gestank, notierte warnend mit scharfem Geist und spitzer Feder: „Hart ist das Eingeweide der Schnitter, deren Arbeit in der Tat bei der Sonnenglut zu den allerschwersten gehört, die darum viel vertragen können und sich darum mit Zwiebeln stärken. Mir scheint, es ist ein Gift, das eine böse Hexe mir beigebracht hat! Gebt künftig Zwiebel und Knoblauch den Verbrechern statt des Schierlingsbechers! Sollte jemals, oh Mäcenas, eine Laune Dich verführen, von diesen Kräutern zu genießen, dann möge die Geliebte Deinen Kuß abwehren und fern von Deiner Umarmung an das unterste Ende des Lagers sich flüchten!"

Die Römer waren es, die nicht nur den Wein, sondern auch die Zwiebel in Germanien bekannt machten. Ihr Siegeszug nördlich der Alpen war nicht mehr aufzuhalten. Selbst Karl der Große befahl den Anbau von Zwiebeln. So ließ sich das Mittelalter den Wind kräftig um die Nase wehen und würzte seine Speisen mit Zwiebeln. Hans Sachs verschmähte sie nicht als tägliche Speise: „... auch magst aufziehen gleicher weis teglich uff deinen tisch zu speis mangolt, kolkraut, zwiffel, knoblauch."

Unter den französischen Königen Ludwig XIV. und dem XV. wurde die Zwiebel zum festen Bestandteil der feinen Küche. Riesige Schiffsladungen des scharfen Gemüses importierten die Briten aus Frankreich. – Ganz Europa delektierte sich an der „Jungfer mit den sieben Häuten".

Kleine Zwiebel-Kunde für Anfänger und Fortgeschrittene, für Gourmets und Gourmands

Ägyptische braune Zwiebeln sind reich an flüchtigen Substanzen, scharf und beinahe aufdringlich im Aroma. Nur für hartgesottene Zwiebelesser geeignet. Die blauen und weißen Ägypter sind milder und schmackhafter.

Braunschweiger: Eine dunkelblaurote, recht milde Sorte, die sowohl als Würzzwiebel wie auch als Gemüsezwiebel ausgezeichnet ist.

Cipolline: „Zwiebelchen" nennt sich der Import aus Italien. Auf Märkten werden die eher flachen, kleinen Zwiebeln oft als Grill- oder Feinschmeckerzwiebeln angeboten. Roh, gekocht oder eingelegt, zählen sie zu den besten, aromareichsten, aber mildesten Sorten.

Französische Zwiebeln sind sehr unterschiedlich im Geschmack. In der Bretagne werden mehr Gemüsezwiebeln und Schalotten, im Süden häufiger Gemüsezwiebeln angebaut.

Madeirazwiebel: Leider findet man diese äußerst feine, aber auch empfindliche Zwiebel nur noch selten auf dem Markt. Sie ist die beste, zarteste und mildeste Gemüsezwiebel.

Spanische Gemüsezwiebeln sind oft riesig, schmecken mild, würzig und herrlich saftig. Sie eignen sich als Gemüse, sind herzhaft in rohen Salaten oder auf Toasts.

Stuttgarter Riesen: Sie erreichen oft enorme Ausmaße, da sie meistens als Steckzwiebeln angebaut werden. Ihre Schärfe variiert je nach Boden und nach Witterungsverhältnissen. Eine gute Würzzwiebel.

Tschechische oder **ungarische** Zwiebeln sind regelmäßig im Wuchs, oft birnenförmig, aber nicht sehr groß. Sie geben sich herzhafter, aber dennoch eine Idee schärfer im Geschmack als die deutschen Sorten.

Weiße Kopfzwiebeln: Eine milde, saftige, aromatische Zwiebel mit leicht agressivem Unterton.

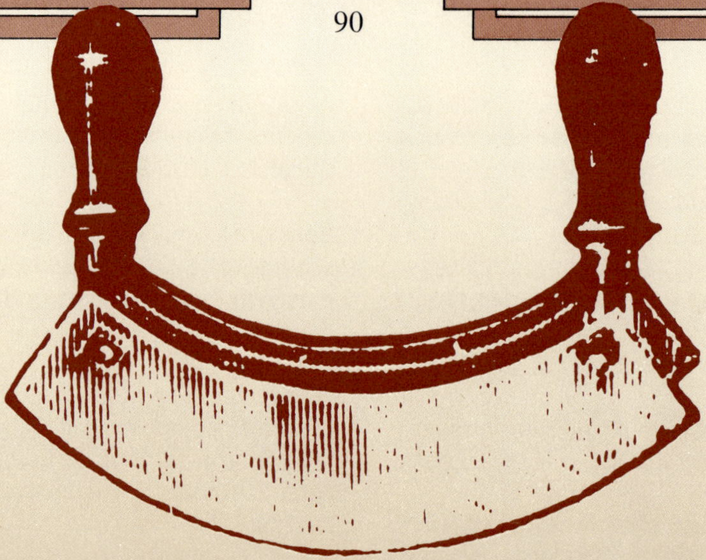

Delikat vor allem als Salat- und Würzzwiebel. Eine vielseitig einsetzbare Gemüsezwiebel, vor allem bei Salaten, die wenig andere Zutaten verlangen.

Weiße Florentiner: Vielseitig verwendbar in der feinen Küche. Sie schmecken sowohl roh wie auch gekocht, in kalten und warmen Zubereitungen ganz hervorragend.

Zittauer Gelbe: Sie wird als Saatzwiebel in Deutschland bevorzugt angebaut. Mittelgroß, länglich, regelmäßig in der Form, hat sie einen mittleren Gehalt an flüchtigen Substanzen. Sie ist als Würzzwiebel hervorragend und in Verbindung mit Fleisch, Fisch und Gemüsen gut zu verwenden. Als Hauptgemüse ist sie leicht aufdringlich im Geschmack.

„Hier bekennt die Zwiebel Farbe!"

Seit jeher finden trockene Zwiebelschalen zum Färben von Wolle und Ostereiern Verwendung. In der deftig ländlichen Küche kocht man in der klaren Hühner- und Rindfleischsuppe immer eine kleine Zwiebel mitsamt den trockenen, braunen, äußeren Schalen mit. Sie geben der Suppe eine appetitlich, kräftige Farbe.
Wenn zu Ostern die ersten grünen Frühlingsboten erscheinen, sammelt man einige besonders schöne Blüten und Blätter, legt sie auf ein weißes Ei. Jetzt wird das Ei vorsichtig und sorgfältig mit einem dünnen Nähfaden umwickelt.
Den Zwiebelschalensud bereitet man zum Färben vor, indem man eine handvoll trockener Schalen in einem halben Liter Wasser kräftig auskocht. Durch ein Sieb gießen und etwas abkühlen lassen! Jetzt kommen die vorbereiteten Eier vorsichtig in den Sud und werden ganz normal gut zehn Minuten lang hart gekocht.
Beim Abwickeln des Nähfadens zeigt sich jetzt, daß die weißen Eierschalen sich – je nach Stärke des Zwiebelsuds – gelb bis rotbraun gefärbt haben. Die mit Kräutern, Blüten und Blättern abgedeckten Stellen aber zeichnen sich – hellgelb – von der dunkelgefärbten Eierschale ab. – Einfachste Reservetechnik in höchster Vollendung. Wahre Kunstwerke lassen sich so für den österlichen Tisch zaubern.
Auch Schafwolle kann im Zwiebelschalensud eingefärbt werden. Es lassen sich unnachahmliche Naturtöne erzielen, von gelb bis rotbraun.

Die Rezepte im einzelnen

Zwiebeln in Asche und Glut

Zwiebelsuppen

Zwiebelsalate und Vorspeisen

I. Salate

Zwiebelkuchen

Gefüllte Zwiebeln

Zwiebeln als Gemüse

Zwiebelsaucen und Pürées

I. Saucen

Eingelegt und mariniert

Zwiebeln für's Brot

In dieser Reihe sind bereits erschienen:

Von Anisplätzchen bis Zimtsternen
Rund um das weihnachtliche Backen
(mit einem Ausschneidebogen für das Pfefferkuchenhaus)

Rund um die Knödel

Meine Küche
(ein Leerkochbuch für eigene Rezepte, Notizen und Aufzeichnungen)

Männerwirtschaft
Rezepte für Söhne, Junggesellen und Väter

Wie duftet's köstlich aus der Pfanne
Rund um Omeletts, Crêpes und Palatschinken

Von Zopf bis Zeh auf Knoblauch eingestellt
Rezepte mit Knoblauch

Mein Schatzkeller
Ein Wein-Journal für Geniesser und solche, die es werden wollen.

Fragen Sie Ihren Buchhändler oder schreiben Sie uns.
Wir schicken Ihnen gern unser Verlagsverzeichnis.